ネイティヴの感覚がわかる英文法
読む、見る、つかむ英文法の要点64

大西泰斗
ポール・マクベイ 著

身によくつく英会話
NOVA BOOKS

The Way English Works

ぶーちゃんへ

はじめに

　みなさんこんにちは。本書「ネイティヴの感覚がわかる英文法」は単なる文法書ではありません。みなさんの英語にたいする考え方そのものを変えていただくために書きました。

　私たちには共通した悩みがあります。「単語や日常会話をある程度覚えたのに、自然に英語が出てこない」「日本語訳はできるのに、英文のキモチが伝わってこない」という悩みです。
　文法項目をあと10個、英単語をあと100個、会話文をあと1000個覚えたからといって克服できる悩みではありません。なぜならその原因は「英語を感覚的にとらえていない」ことにあるからです。
　英語はみなさんが中学高校で学んできたような無味乾燥な規則の集合体ではありません。日本語同様血が通っているのです。
　本書は英語を形づくる基本的な文法を、ネイティヴの語感 ── ネイティヴがもっているイメージ ── を中心に解説しています。無味乾燥な規則としてではなく、血の通ったネイティヴの感覚として説き明かしているのです。そしてこのイメージ力こそがみなさんにもっとも欠けている能力なのです。
　さあはじめてください。本書を読むことによってまちがいなくみなさんの英語にたいする意識は変わるでしょう。英語をより身近なものとして、においや肌触りをもったものとして感じることができるようになるでしょう。それが本当の英語学習の第一歩なのです。

平成13年 3 月
大西泰斗
Paul C. McVay

本書の特長と構成

本書は、ただ規則を並びたてるだけといった従来の文法書とはまったく異なります。『ネイティブスピーカーシリーズ』などでおなじみの大西先生が、英語学習でもっとも大切なのに身につけることがむずかしい「ネイティヴの英語感覚」を読者の方がモノにできるように工夫を凝らしたこれまでにない教材なのです。

本書の最大の特長は、無味乾燥な文法規則の裏側にかくれた英語の感覚を大西先生自作のイメージイラストを通じてわかりやすく解説した点にあります。ネイティヴが英語を話すときに頭に浮かぶイメージをビジュアル化したイラストは、大西先生独自の視点で語られたわかりやすい解説文とリンクしており、言葉にはしにくいネイティヴの語感をはっきりと理解することができます。文法事項の丸覚えだけでは決して理解できない「ネイティヴの英語感覚」を身につけることができるのです。

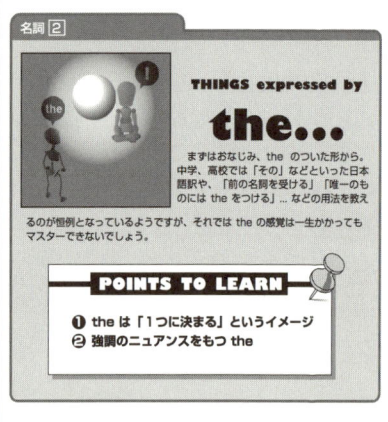

名詞 ②

THINGS expressed by

the...

まずはおなじみ、the のついた形から。中学、高校では「その」などといった日本語訳や、「前の名詞を受ける」「唯一のものには the をつける」… などの用法を教えるのが恒例となっているようですが、それでは the の感覚は一生かかってもマスターできないでしょう。

POINTS TO LEARN

❶ the は「1つに決まる」というイメージ
❷ 強調のニュアンスをもつ the

■ **the のイメージ**

the が使われるとき、そこに曖昧さはありません。会話の世界の中で the... は非常にハッキリとした明瞭なイメージを結んでいるのです。いくつかの状況を眺めながら、この「明瞭なイメージ」がどういった性質をもつのかを説明していきましょう。

「文の骨格」「名詞」「時制」「助動詞」「不定詞」「-ing」「前置詞」の7章から成る本書には、「英語の豊かなイメージ世界」を日本人が吸収できるようになるためのヒントが満載です。 各章は、「イントロ」→「本文」→「まとめ」という流れで構成されています。

● ● ●

「英語のイメージ」や「ネイティヴの語感」を身につけることこそネイティヴらしい自然な英語を身につけるための早道。本書を繰り返し学習すれば、文法がもっと理解できるだけでなく、英会話も上達すること請け合いです！

イントロ

本文

「そば」。意外なことですが、これが by のイメージ。
I think his house is by the Red Lion pub.
（彼の家はパブの近くだと思うよ）
ね。これがわかると、どうして near by（近く）では、near と一緒に使われるのかがわかってきますね。

まとめ

さて、さまざまな時表現いかがでしたでしょうか。名詞ほど日本語とへだたりが大きくないだけに、また受験などの問題にはなりづらいだけに、その重要性が看過されてきた話題です。
しかしもうみなさんはその豊かな意味、重要性にお気づきになったはず。これから現在時制の文をみるたびに、現在完了の文をみるたびに、仮定法の文をみるたびに、ネイティヴのキモチが伝わってくるでしょう。

ネイティヴの感覚がわかる英文法　**5**

目次

Chapter1 SENTENCE PATTERNS（文の骨格） 9

文の骨格1	intro（文の骨格とは?）	10
文の骨格2	Pattern1　V+名詞	12
文の骨格3	Pattern2　V	15
文の骨格4	Pattern3　be(＝)	16
文の骨格5	Pattern4　V+名詞+名詞	18
文の骨格6	Pattern5　V+名詞+名詞	20
文の骨格7	Pattern6　V+名詞+ to…	22
文の骨格8	Pattern7　V+that文	24
文の骨格	まとめ	25
文の骨格パターン		26

Chapter2 THINGS（名詞類） 29

名詞1	intro	30
名詞2	THINGS expressed by *the*…	34
名詞3	THINGS expressed by *a*…	41
名詞4	THINGS expressed by *some*…	46
名詞5	THINGS expressed by *any*…	52
名詞6	THINGS expressed by *-s*	55
名詞7	other類（他の）	61
名詞8	Uncountable Nouns（数えられない名詞）	64
名詞9	Situations as THINGS（モノとしての状況）	74
名詞	まとめ	78

Chapter3 TIME（さまざまな時表現） 79

時制1	intro（時のイメージ）	80
時制2	Future(さまざまな未来)	81
時制3	Present（豊かな現在）	89

時制4	Present Perfect（現在完了）	93
時制5	Past（過去のイメージ）	99
時制6	Progressive（進行形）	105
時制	まとめ	110

Chapter4　AUXILIARY VERBS（助動詞） ……… 111

助動詞1	intro（助動詞のイメージ）	112
助動詞2	must（抗しがたい力）	113
助動詞3	may（開かれた道）	115
助動詞4	will（力強さ）	118
助動詞5	can（潜在性）	121
助動詞6	Other Auxiliary Verbs（その他）	124
助動詞	まとめ	128

Chapter5　All-ROUNDERS(1) TO（to不定詞） ……… 129

to不定詞1	intro（toはto）		130
to不定詞2	to-不定詞の使い方(1)	Situation (to) Situation	133
to不定詞3	to-不定詞の使い方(2)	Things (to) Situation	136
to不定詞4	to-不定詞の使い方(3)	V+to	140
to不定詞5	to-不定詞の使い方(4)	To-Situations	141
to不定詞	まとめ		146

Chapter6　All-ROUNDERS(2) -ING ……… 147

-ing1	intro（薄まったイメージ）		148
-ing2	ingの使い方(1)	Situation (ing) Situation	150
-ing3	ingの使い方(2)	Thing (ing) Situation	153
-ing4	ingの使い方(3)	ing- Situations	154
-ing	まとめ		162

目　次

Chapter7　PREPOSITIONS（前置詞）　163

前置詞1	intro	164
前置詞2	about	165
前置詞3	above	167
前置詞4	across	169
前置詞5	after	171
前置詞6	against	173
前置詞7	along	175
前置詞8	among	176
前置詞9	between	177
前置詞10	at	178
前置詞11	before	179
前置詞12	beyond	181
前置詞13	by	182
前置詞14	during	184
前置詞15	for	185
前置詞16	from	188
前置詞17	in	190
前置詞18	into	193
前置詞19	on	194
前置詞20	over	197
前置詞21	through	200
前置詞22	to	202
前置詞23	under	204
前置詞24	with	206
前置詞25	within	208
前置詞26	without	209

Chapter 1.
SENTENCE PATTERNS
(文の骨格)

文の骨格 1

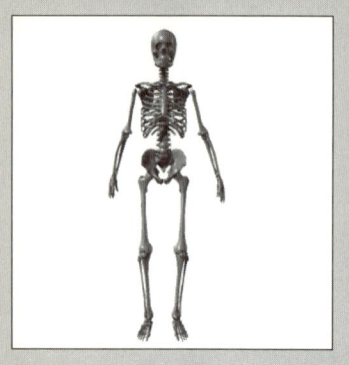

intro
(文の骨格とは?)

さあいよいよ始まりました。まずは英語の文を作る上でもっとも大切な話から始めましょう。文の骨格の話です。

■ ネイティヴの感性をとらえよう

みなさんは「5文型」ということばを聞いたことがあるでしょう?そう、SV とか SVO とか SVOC とか VSOP とか (これはちがうか)。「5文型」は文の骨格を説明しようと編み出された文法事項です。でももう忘れてください。S だの V だのと念仏のように唱えていても英語は上達しません。その後ろにあるネイティヴの感性をとらえなければ勝負になりません。

■ 文の骨格は「動詞」と「名詞」でできている

まずは左のイラストをながめてみましょう。みなさんはどんなポイントに着目しましたか?そう、2人の登場人物とその間に起こっている行為、ですね。日本語では「少年は男をなぐった」となりますし、英語では The boy hit the man. となるでしょう。

私たちはある状況を認識するときに、いつも「モノ」(この場合、少年 (the boy)と男(the man))と「行為 (状態)」に着目するようにできています。どういったモノが登場しているのか、それがどのような行為を行っている (どのような状態にある) のかを中心に状況を把握しているのです。

このような私たちの「くせ」はことばにも反映されています。文の骨格を形作るもっとも重要な要素は、モノをあらわす語句（名詞）と行為・状態をあらわす語句（動詞）なのです。

■骨格はゆらがない

　人間の骨格を考えてみましょう。やせている人には肋骨が3本しかなく太っている人には12本、などということがあるでしょうか。そんなわけはありません、骨格は常に一定しています。文の骨格もまったく同じです。

　文の骨格は、長い文でも短い文でも常に一定しています。そう、たとえ何十行に及ぶ文であっても、です。例を出しましょうか。give という動詞は

> give+■■
> （■は名詞のかたまりが1つ入ることを示しています）

という骨格を作ります。たとえば

> I gave him a car.
> （彼に車をあげた）

という具合。それでは give を使って長い文章を作ってみましょうか。

> She gave
> the tall man with a thick red beard wearing a black leather jacket
> her mobile phone number.
> （黒い皮のジャケットを着たあかひげの男に携帯の番号を教えた）

ほら、いくら太ったって骨格は変わらないんですよ。

■典型的骨格と対応するイメージ

　さてこの章では、**名詞・動詞の並べ方を中心にいくつかの典型的パターン**を紹介しましょう。それぞれのパターンはネイティヴの語感の中で、ある一定のイメージと緊密に結びついています。これから一つ一つ、パターンを紹介しますね。その後ろにあるネイティヴの感性を身につけてください。

文の骨格 ②

Pattern 1.
V+■

(I like English.)
 v　名詞

まずは単純なパターンから。■は名詞が1つ入る、ということをあらわします。

■ **動詞の後ろという位置**

　これは実に頻度の高いパターンです。このパターンを理解するためには「動詞の後ろ」という位置にイメージをもつことが大切です。

　動詞の後ろの名詞にはその動詞によってあらわされる「力」が直接及んでいます。例をあげましょう。

　　Taro **hugged** Nancy .

hug（抱きしめる）の力が Nancy に向かっていますよね。他の例も見てみましょうか。

　　I **kicked** the ball .
　　I **hit** him .
　　I **kissed** Nancy .

どの例を見ても、それぞれの動詞の「力」が後ろの名詞に直接及んでいることがわかりますね。具体的な動作でなくても同じこと。

12　文の骨格

I **love** the girl.
I **like** English.
I **know** Paris.

love, like という感情、know においては知識の「力」が後ろの名詞に及んでいることがわかるでしょう。

■ このパターンをとる動詞

ここまでは「当たり前のことじゃないか」と思われる方も多いのではないでしょうか。でもこの基本のイメージが本当の意味でつかめていれば実に多くの事柄が見えてくるのです。

たとえば、先の know という動詞を取り上げてみましょう。「知っている」は know だけでなく know of , know about でもあらわすことができます。

I **know** Paris.
I **know of** Paris.
I **know about** Paris.

区別がつきますか？ もし「V+■＝力が直接及んでいる」というイメージが身についているとすれば、むずかしくはありません。know Paris は know of/about に比べ、はるかに「よく知っている」ことを示すんですよ。know の力が直接 Paris に及んでいるからです。ちなみに **know of** は本で読んだ程度、名前を聞いたことがあるくらいの知識、**know about** はさまざまなことを知ってはいますが、know Paris の「パリは我が庭」的な強さには到底及びません。

また次の文はどうでしょう。

I **saw** him.
I **looked** at him.

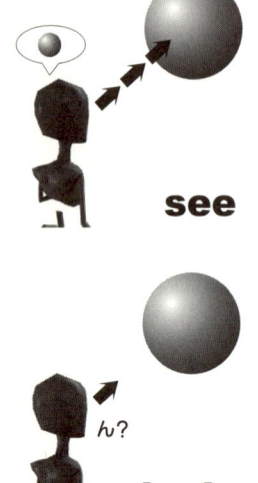

どちらも「見る」と訳される動詞ですが、look は直接「look ■」という形は取れません。「V+■＝力が及んでいる」を理解したみなさんなら、このことから see と look の本質的なちがいを理解できるにちがいありません。そう、「同じ『見る』と訳す単語であっても、look は see と異なり見る力が対象に及んでいない」ということがわかるはずなのです。事実そのとおりで、see は何かが「見えている」つまり「目に入ってきている」という単語です。see という「力」が後ろの名詞まで及んでいます。ところが look は「見えている」ではありません。ただ単に「目を向ける」という単語なのです。go と同じように、単にその動作をした、という単語なのです。

だんだんと「V+■＝力が及んでいる」というイメージの重要さがわかってきましたね。それではもう１つ、おもしろい例をお目にかけましょう。

a. I shot the bird.
b. I shot at the bird.

どちらも「鳥を撃ちました」と訳しますが、この意味のちがいがわかりますか？そう、a の「V+■」のほうは力が及んでいます。つまり鳥に弾が当たったというわけです。しかし b. のほうはそうではありません。単にその動作をしただけです。「目がけて」の at がありますから、「鳥を目がけて鉄砲を撃った」だけですよね。

このように「V+■」のパターンをとる場合、常にそこには「力が及んでいる」というイメージがあるのです。そしてそういったイメージをもつ動詞のみがこのパターンをとれる、というわけです。

文の骨格 ③

単なる行為

Pattern 2.

(He died.)
v

後ろに名詞をとらず、単に動詞だけでOKというパターンです。

■他に力が及ばない単なる行為

これは簡単。

　She has **gone**.　（行っちまった）

go という動詞を考えてみましょう。「行く」という行為は、何か別のものに「力を及ぼす」行為でしょうか。そうではありませんね。「行く」という行為は、何か他のモノに力が及ぶわけではありません。それ自体で完結しているんですよ。ということは…そう、動詞のあとには■がこなくていいんです。このパターンをとる動詞はすべて他に力の及ばない単なる行為を示しています。それは文がどれほど複雑になっても同じことです。

He **went** into a coma and died early this morning.
(昏睡状態に陥り今朝早く亡くなった)

He was so tired he **slept** for 12 hours.
(すごく疲れて12時間眠った)

The time has **come** to make a final decision.
(最終決断の時は来た)

ね。

文の骨格 4

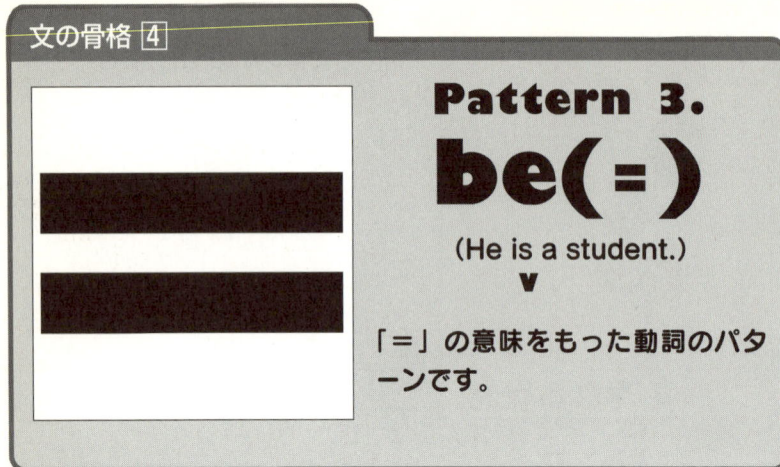

Pattern 3.
be(=)

(He is a student.)

「＝」の意味をもった動詞のパターンです。

■ **be 動詞の意味**

まずはこのパターンの代表選手 be 動詞の意味を考えてみましょう。

I **am** a student.

これがもっとも典型的な be 動詞の使われ方です。その意味は単純です。be 動詞は「＝（イコール）」なのです。上の文は「私＝学生」ということ。意味が「＝」ですから、パターンはカンタン。be 動詞の両脇に名詞を配置してあげてください。

Clark Kent **is** Superman .
Taro **is** a student .
They **are** students .

もちろん、be 動詞の後ろにくるのは名詞とは限りません。

The sky is blue .
The party is at 3:00 p.m .
He is in the park .

「パーティは3時に開かれる」「彼は公園にいる」訳はさまざまですが、基本は「＝」ということですね。

■「＝」の意味をもつ他の動詞

このパターンの動詞は be だけではありません。「＝」を意味する動詞は広くこのパターンをとります。たとえば

Taro became a doctor.
【「Taro = a doctor」になる】

We got soaked.
【「We = soaked」になる】

The situation seemed hopeless.
【「the situation = hopeless」に見える】

Your idea sounds interesting.
【「Your idea = interesting」に聞こえる】

これらの動詞はとどのつまり「＝」という意味ですから、be と同じように両脇にポンポンとお好きな要素を配置すればOK。

文の骨格 **17**

文の骨格 5

Pattern 4.
V + ■ + ■

(I gave him a pen.)
V　名詞　名詞

さあおもしろくなってきました。次は後ろに名詞を2つとるパターン。

■ 代表選手はgive

このパターンの代表選手は give です。

I **gave** him a pen .

him に a pen を与えるという形。

■ 潜在的に give がある

このパターンをとる動詞には潜在的に give の意味関係があります。つまり「与える」ってこと。いくつか例をながめてみましょう。

He **wrote** me a letter .

write は「書く」。ほら、手紙を書いて「与える」というニュアンスですから、この形になるんですよ。

He **paid** me the money.

pay という動詞も見るからにこのパターンで使えそうですね。左のように典型的に give の動きになるからです。

He **made** me a doll.

make は「作る」。ほら、単に作るだけではなく、それを与えるというニュアンスが加わるからこの形が使えるんですよ。

He **bought** me a pen.

これも同じ。単に「買う」じゃなくって…。

文の骨格 6

Pattern 5.
V ＋ ■ ＋ ■

(He named the baby Taro.)
　V　　　名詞　名詞

実は「V ＋ ■ ＋ ■」があらわすのは give 的状況だけではありません。このパターンもマスターしましょう。

重なり

■ 重なりのイメージ

name（名づける）という動詞を考えましょう。

He **named** the baby Kaito.

どんな意味になるのかわかりますか？「その赤ん坊をカイトと名づけた」です。この形は左のようなイメージになっているんですよ。ここで重要なのは、赤ん坊と「カイト」という名前がオーバーラップしているイメージだということです。

もう1つ例をあげましょう。

I called him Kai. （彼をカイと呼んだ）

やはりここでもオーバーラップしたイメージですね。もう大丈夫ですね。このパターンで使われる動詞はオーバーラップのイメージなのです。もうみなさんには次の文のイメージがわかるはずですが...

Most people considered Jacqueline Du Pré a brilliant cellist.
　（ジャクリーン・デュプレを素晴らしいチェロ奏者だと思った）
I believe him an honest man.
　（彼が正直な人であると信じている）
I baptise you John.
　（Johnと名づけよう）

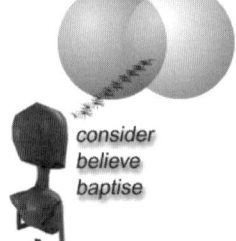

consider
believe
baptise

文の骨格 7

Pattern 6.
V+■+to...
(I want him to go.)
v 名詞 to

■ to のイメージ

このパターンを深く理解するためには to の意味をよく考える必要があります。ここでの to は後ろに動詞原形をともない、**「不定詞」と呼ばれますが、イメージの中では前置詞 to とまったく変わりがありません**。ネイティヴも「to には不定詞と前置詞の2通りある」と聞けば面食らうにちがいありません。単に後ろに動詞原形がくるとき「不定詞」と呼ぼうと誰かが考えただけのことで、みなさんに関係はありません。**to は to なのです。**

さて，to は左に示す「向かう」というイメージをもっています。このイメージをつかめば V+■+to... のパターンのもつイメージは簡単に理解することができるでしょう。

☞ p. 202
to

■ 「押す」タイプの動詞が使われたとき

まずは「押す」タイプの動詞と共に使われたときのイメージを考えましょう。

I **ordered** him to go.　　（行くように命じた）

I **persuaded** him to go. 　　　（行くように説得した）

order（命じる）、persuade（説得する）はそれぞれ相手を何らかの力で押して行為をさせる動詞です。この「押す」と to の「向かう」を組み合わせてみましょう。そう、相手を押して to 以下の行為に向かわせる、ということになるでしょう。みなさんがよくご存じの次の文もまったく同じです。

I **asked** him to go. 　　（行くように頼んだ）
I **told** him to go. 　　　（行くように言った）

ask（頼む）、tell（言う）が相手を押しているのです。他にも，force（強いる），require（要求する）などさまざまな「押す」タイプの動詞とともに使われます。

■ その他
実はこのパターン、「押して向かわせる」というイメージだけと結びついているわけではありません。

I **expected** him to go. （行くと思った）
I **wanted** him to go. 　　（行かせたい）

ここには「押して向かわせる」というイメージはありません。expect（予期する）、want（欲している）、ですからね。単に him が to 以下の状況に「向かう」ことを予期したり、欲したりしているにすぎません。

　このパターン、結局は to のイメージさえ身につけていれば、すべてカタがつく、というわけです。

文の骨格 8

Pattern 7.
V + that文

(I think that he is honest.)
　V　　　　　　　　文

I **think** that he is honest .（彼は正直だと思う）
She **believes** that Peter will get the job .
（彼女はピーターが仕事にありつくと信じている）

　ここには何もむずかしいイメージはありません。that 以下の内容を見てください。文が来ていますね。つまりは状況。「ある一定の状況を think/believe している」にすぎません。
　ただ普通の文法書では

I think **(that)** he is honest.

などと書かれ that が省略可能、つまりあたかも意味がないように扱われていますが、それはちがいます。that には think の内容に向かって相手を導くような感触があるんですよ。これは項をあらためてくわしく説明しましょう。

　p. 76
　that

24　文の骨格

文の骨格

まとめ

　いかがでしたでしょうか。ある状況を認識し、文にする。英語は無限にその方法をもっているわけではありません。大きなところではこの7種類の認識の仕方、文の述べ方があるにすぎません。
　以下にもう一度イラストのイメージとともにまとめておきましょう。

文の骨格パターン

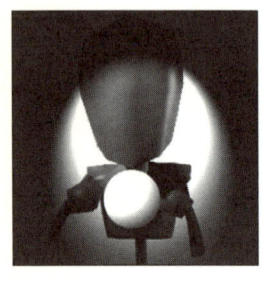

V+■

I like English.

単なる行為

V

He died.

be(=)

He is a student.

V+■+■

I gave him a pen.

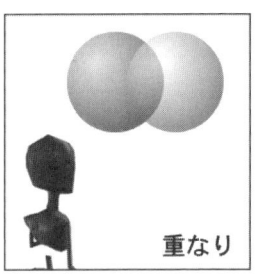

V+■+■

He named the baby Taro.

V+■+to

I want him to go.

V+that 文

I think that he is honest.

ホームページあります

　本書の著者大西泰斗・Paul C. McVay のホームページがあります。どの本にもないまったく新しい文法解説や画期的な英会話メルマガ（これはスゲーぞ。タダだし）、既刊書の解説、出版・講演予定、読者の質問への回答など、豊富な内容でみなさんをお待ちしています。ぜひ積極的にご活用ください。

　http://www1.neweb.ne.jp/wb/e-academy/

Chapter 2.
THINGS
(名詞類)

名詞 ①

■ 名詞とは

ある状況を認識するカギとなるものは状況に登場するモノ（太郎、犬、鉛筆...など）と行為（状態）というお話はもうしましたね。みなさんはすでに文の骨格を身につけています。ここではもう1つのカギ、状況に登場する「モノ(THING)」についての話をしましょう。

■ 「モノ」をあらわす代表的なパターン

日本語は「モノ」のあらわし方にそれほど頓着しない言葉です。「鉛筆」を考えてみましょう。

A. 鉛筆取ってくれる？
B. これは鉛筆です。
C. 鉛筆はしばしばコンピューターより役に立つ。
D. 鉛筆持ってない？
E. 鉛筆の中には色つきのものがある。

だいたいどんな状況でも「鉛筆」という単語さえ知っていれば、困ることはありません。
でも英語はちがいます。状況に合わせて形を変えてあげる必要があるのです。

- A. Pass me **the pencil**.
- B. This is **a pencil**.
- C. **Pencils** are often more useful than computers.
- D. Do you have **any pencils**?
- E. **Some pencils** are colored.

英語は「モノ」に関して非常に敏感な言葉です。この章では日本人が特に苦労するいくつかのパターンを集中的に解説していくことにしましょう。

■ 何が使い分けのポイントなのか？：名詞は生き物

> ❶ **the** .....　　(the pencil, the pencils)
> ❷ **a** .....　　(a pencil)
> ❸ ___**s**　　(pencils)
> ❹ **any** ......　　(any pencil(s))
> ❺ **some** ......　　(some pencil(s))

ネイティヴは「モノ」をあらわすとき、上の❶～❺を含めたいくつかのパターンの中から最適な形を選びます。それではどのような基準でその選択が行われるのでしょうか。もちろん「『その』ならば the」「『1つの』ならば a」「『いくつかの』ならば some」などという日本語訳はいっさい頼りになりません。

名詞類　31

ネイティヴの使い分けを自らのものにするためには、次の2点に留意することが必要になります。

① ひとりよがりはダメ

　　a pen にすべきか the pen にすべきかを、自分ひとりで決めることはできません。

　ある文を話す、あるいは書くときには、必ず話し相手・読者がいます。a pen や the pen などの名詞を使うということは、話し相手との、あるいは読者との間の世界 －「会話の世界」と呼ぶことにしましょう－ に「モノ」を持ち込むということなのです。

a pen, the pen などのさまざまなパターンは、いつも相手とのかねあいで選ばれます。その会話の世界で pen がどのような性質をもっているのかを基準に、a pen になったり the pen が選ばれたりするのです（すみません、ちょっとわかりづらいですね。でもすぐにわかりますよ、簡単なことだって）。

② 状況を考慮する

　　a pen, the pen などの選択には、その文がどのような状況で話されているのか、ということも重要に関わります。たとえば（あとで詳しく説明しますが）、バケツが目の前に 4 つあるときに、

　　Pass me **the bucket**.

ということはできません。
またドアが4つもある部屋の中にいて、

　　Open **the door**.

と命令することもできません。（ややこしそうでしょ？ でも簡単なことなんですよ、タネを明かせば）。

　名詞は生き物です。同じ pen が「会話の世界」「まわりの状況」によって a pen, the pen, ... と、いくらでも形を変えるのです。
　さあ、それでははじめましょう。ネイティヴがどのようなキモチで使い分けているのか ― ネイティヴのイメージ ― がわかると、英語がまたひとつ身近になるはずですよ。

名詞 2

THINGS expressed by
the...

まずはおなじみ、the のついた形から。中学、高校では「その」などといった日本語訳や、「前の名詞を受ける」「唯一のものには the をつける」... などの用法を教えるのが恒例となっているようですが、それでは the の感覚は一生かかってもマスターできないでしょう。

POINTS TO LEARN

❶ the は「1つに決まる」というイメージ
❷ 強調のニュアンスをもつ the

■ the のイメージ

the が使われるとき、そこに曖昧さはありません。会話の世界の中で the... は非常にハッキリとした明瞭なイメージを結んでいるのです。いくつかの状況を眺めながら、この「明瞭なイメージ」がどういった性質をもつのかを説明していきましょう。

Situation 1

あなたと Nick との間には、スパナが 1 つあります。ボルトを締めるためにスパナが必要になったあなたは「スパナ取って」と Nick に話しかけます。

'Hand me the spanner.'
'All right!'

Nick はスパナをとってくれました。

Situation 2

今度は Nick との間に、スパナが 2 本あります。あなたは「スパナ取って」と話しかけるのですが…

'Hand me the spanner.'
'Er.... which one?'

Nick にはあなたの使った 'the spanner' が理解できなかったようです。

Situation 3

今度もやはりスパナは 2本あります。大きいスパナが欲しいあなたは…

'Hand me the big spanner.'
'All right!'

Nick は大きいスパナを取ってくれました。

 the のもつ「明瞭なイメージ」の内容がわかってきましたね? そう、「明瞭なイメージ」とは**「1つに決まる」ということ**です。つまり the... は、会話の世界の中で(話し手にとってはもちろん聞き手にとっても)曖昧さがなく「これだ」とわかるときに使うということです。Situation 2ではなぜ the spanner が理解されなかったのでしょう? それは 2本あるのに the ... と使っても「1つに決める」ことができないからなのです。また2本あったとしても、big spanner と言ったりすれば「1つに決まり」ますよね。

> **the＋複数名詞**
>
> もちろん the は後ろに複数形をとることができます。この場合は「1グループに決まる」ということです。目の前に2本スパナがあったとしましょう（こればっかりでごめんなさい）。ここで
>
> 　　Hand me **the spanners**.
>
> といえば 1グループに決まるスパナ、つまり目の前の2本全部、ということになります。また同様に犬が 200 匹教室に入ってきて、学生さんに「あぶないから近づくな」と言うとき、
>
> 　　Keep away from **the dogs**.
>
> と言えば、「200匹の犬全体」ということになります。

さあ、もうみなさんは the の語感がわかってきたはずです。会話の世界の中で「1つに決まる」。これだけなんです。

■ さまざまな「1つに決まる」場合

会話の世界の中で「1つに決まる」のは、その場にスパナがあるときだけではありません。実にさまざまな「1つに決まる」場合があるのです。これが the の豊富な使い方を支えています。

> ### 文脈から「1つに決まる」場合
>
> まずはおなじみの例から。会話の流れによって「1つに決まる」場合です。
>
> 　　I just asked **a cute girl** for a dance at a club last night and **the girl** went mad.
> 　　（ダンス誘っただけなのに怒り狂っちゃってさ）

前半で a cute girl が会話の世界に持ち込まれました。次の文で the cute girl と言えば、話し手はもちろん聞き手にも「あーそーか、前の文にでてきた女

36　名詞類

の子のことだな」と1つに決まりますね。だから the が使われているんですよ。

　もちろん同じ単語でなくてもいいんです。

I bought **a new video camera** but **the thing** doesn't work!
(新しいビデオカメラ買ったんだけど、動かねぇんだよ)

　また、いくら文脈があっても1つに決まらないような文脈では the は使えません。(*印はおかしな文であることを示します)

*I just asked **these cute girls** for a dance at a club last night and **the girl** went mad.

もちろん the girl といっても「1人に決まらない」からですよ。それでは次の文はどうでしょうか。

I just looked at **these cute girls** at a club last night and **the girls** went mad.

もちろんこの場合は OK。these cute girls という1グループ全体を指しているんです。

常識によって決まる

「1つに決まる」のは会話の流れだけからではありません。常識から「1つに決まる」場合もあります。the moon, the sun, the world などに the がつくことはご存じですね。もちろん特別の「規則」があるわけではありません。常識的に考えて「1つに決まる」から the がつくのです。次の文でなぜ the がつくのかを考えてみましょう。

Which arm did you break? (どちらの腕を折ったの？)
　　　　－**The right one**.

もちろん right arm といえば1本に決まるから the がついているのです。次の文も同じですよ。

　The left eye is false. (左目は義眼)

ここまで理解すればあとはカンタン！

■ その他

first/last/only などがつくとき

Who was **the first woman** to fly to the moon?
(月に最初に行った女性は誰？)

「最初」「最後」「唯一」などがつくと、もちろん1つに決まりますね。だから the がついているのです。もちろん複数でも OK ですよ。

The whites were not **the first inhabitants** of Australia.
(最初にオーストラリアに住んだのは白人ではない)

最上級の the

Yutaka is **the smartest** in the family.

「もっとも賢い」など最上級が使われたときに the がつくのも、もうその理由がわかりますね。「もっとも」と言うときには自動的に「1つに決まる」というわけです。

比較級に the がつくとき

Geoff is **the elder** of the two.

最上級ばかりでなく比較級に the がつくこともあります。上の文では「2人のうち年上の方」ということ。「1つに決まる」んですね。

もう飽きてきましたね。

名詞類 **39**

■「1つに決まる」から「強調」へ

さて「1つに決まる」、だんだんと体になじんできましたね。実は the は「強調」をあらわすことがしばしばあります。いくつか文を眺めてみましょう。

    a. Beckham is **a player** to watch.
    b. Beckham is **the player** to watch.

a playerは「注目すべきプレーヤーのうちの1人」ということですが、the player になると「注目すべきはベッカムしかいない」という強調が与えられます。同様に、

    a. Red wine is **a drink** to accompany steak.
    b. Red wine is **the drink** to accompany steak.

the drinkには「ステーキにはこれっきゃない」という響きがあるのです。

もちろんこの「強調」、the の基本イメージと離れた強調ではありません。the のイメージはあくまで「1つに決まる」ということです。そこから「これしかない」「最高の」という強調につながっているにすぎません。次の文はどうでしょう。このキモチがスッと理解できれば the の使い方は卒業です。

I'm sure Onishi is **the man** for the job.

> この強調の the は「普通」「ズィ」と発音されます。母音の前でもないのにおかしいですか？。「ズィ」は the の強調した読み方なんですよ。

名詞 ③

THINGS expressed by a...

a は「1つ」ということです。ですが数字の one のように「2じゃなくて1ですよ」と積極的に数をあらわす単語ではありません。a の機能はまったく別のところにあるのです。

POINTS TO LEARN

❶ a のイメージは「1つに決めることができない」
❷ モノを話題に持ち込む
❸ 全体を示す a

■ a のイメージ

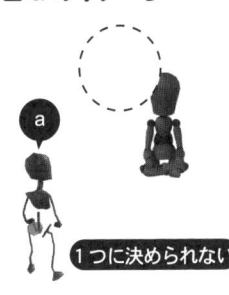

1つに決められない

the はそれを使った瞬間、聞き手との間の世界でクッキリと「1つに決まる」ものでなくてはなりませんでした。a はちょうどその逆。**「1つに決めることができない」というイメージです**。a はさまざまな場面に便利に使うことができますが、その底にあるのはいつもこの「1つに決まらない」なのです。

■ 「1つに決まらない」の使い道

モノを話題に持ち込むとき

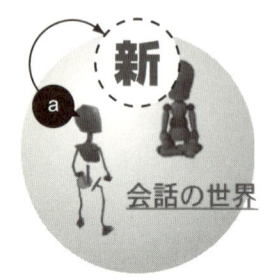

a のもつ一番大切な機能は、この「モノを話題に持ち込む」です。会話の世界に、あるモノを新しく持ち込む、ということです。新しく持ち込むときは「1つに決まらない」から a が使われるのですよ。

Situation 1

みなさんは昨日 Harry Potter という有名人とばったり会いました。昔の友達です。その出来事を今、Tom に話しています。

I bumped into **an old school friend** yesterday. Guess who it was. Harry Potter!
(昨日昔の学校友達にバッタリ会ったんだ。誰だと思う？ ハリー・ポッターだよ)

「学校友達」を話題に持ち込みましょう… ここで the は使えません。Tom 君との会話の世界で、old school friend と言っても「1つに決まらない」からです。もちろんこの場合、みなさんは Harry Potter という特定の人物を思い描いているのですが、それはみなさんの頭の中だけのこと。あくまで**聞き手との会話の世界で、1つに決まるかどうか**ということが重要です。もちろんこの場合「決まらない」an old school friend となるわけです。

もう1つ例を出しましょう。

Situation 2

みなさんは動物好きです。犬が飼いたいと思っています。ブルドッグでもヨー

クシャーテリアでも柴犬でもなんでもいいからとにかく飼いたいのです。お母様に頼んでみましょう。

Mommy, I want to have **a dog.**

みなさんの頭の中には特定の「犬」はいますか？いませんね。もちろんお母様との会話の世界にも「1つに決まる」ような犬はいません。ですから a dog 。つまり、みなさんの頭の中に特定のモノがあろうがなかろうが、**会話の世界で「決まるか」だけが重要**だというわけです。

会話の流れ

先の例文を思い出しましょう。

I just asked **a cute girl** for a dance at a club last night and **the girl** went mad.
（ダンスさそっただけなのに怒り狂っちゃってさ）

何か新しいモノを会話の世界に導入するためには a が使われます。聞き手にとってそれは「1つに決められない」未知のモノだからです。一度導入されれば、あとは the を自由に使うことができます。「あ、前に言ったアレのことだな」と聞き手にとって「1つに決まるから」です。会話には a から the へ、つまり「ボヤっとしたものからハッキリしたものへ」の流れがあるのです。

■ 「決まらない」から「全体」へ

「1つに決まらない」というイメージは意外な意味の広がりを生み出します。

「全体」を示す a

「1つに決まらない」という a のイメージはおもしろい使い方につながります。

A mother will always love her children.
（母親というものは自分の子供を愛するものだ）

☞ P.118
will の意味

母親全体

訳に注意しましょう。この文はある1人の母親について述べている文ではありません。「母親というもの」と母親全体について一般論を述べているのです。このように**何かについて一般的なことを述べる場合、a ... で始めることがあります。**一体どうしてなのでしょうか。

　そのメカニズムを説明しましょう。a mother は「1人に決まらない」mother、でしたね。上の文は1人に決まらないような mother について「子供を愛するということが言える」、と言っているのです。ここから「母親というものは…」と一般的な内容が出てくるのです。つまり「決まらない」おかげで、ある特定の母親に限定することなく、母親全体に関して述べることができるというメカニズムなのです。ま、理屈はどうでもいいでしょう。大切なのは**「特定の1つに限定しないことから「全体」につながってくる」**ということだけです。

> ### a の「全体」は弱い「全体」
>
> 「全体」というと all, every などの「すべて」とどこがちがうか不思議になる方もいらっしゃるでしょう。a... の示す「全体」は「すべてが」「例外なく」という強い全体ではありません。「特定の1つに限定しないところから」出てくる非常に漠然とした全体なのです。
>
> **Every mother** will love her children.
>
> と言えば、これはかなり強い表現です。子供をコインロッカーに入れてパチンコに行くような母親がいれば、「嘘じゃねぇか」と言われてしまいます。でも a mother... は「母親というものは」程度の弱い緩やかな全体なのです。

これで a も卒業。カンタンでしたね。

名詞 ④

誤解 → いくつか

THINGS expressed by
some...

some は今まで大きな誤解をうけてきました。

POINTS TO LEARN

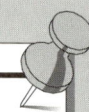

❶ some は「いくつか」という意味ではない。
❷ some は「そーゆーものがある」と単なる存在を示す。
❸ Some pencils are colored. という使い方。

■ some は「いくつかの」ではない

some は一般に「いくつかの」と訳されているようですが、それではネイティヴのキモチに近づくことはできません。もし「いくつかの」という意味だとすれば something（何か）、somebody（誰か）、はどうするのですか？several とはどうちがうのですか？英語に慣れ親しんできたみなさんなら、some が複数形をとらない場面にも遭遇してきたはずですね？

Some teacher told me that.　　（先生が言ってた）
Would you like **some water?**　　（水はいかが？）

もちろんsomeは複数形と伴う方が頻度としてははるかに多いのですが、いずれにせよ some 「いくつか」と覚えるのは得策とは言えません。ネイティヴの some はまったく別のところにあるからです。

■ some のイメージと「a の複数バージョン」

some のイメージは非常に単純です。**単なる存在**。「ふーんそーゆーものがあるのか」がネイティヴのイメージです。

Some girls came in when we were talking.

この場合存在のsome と girls という複数形が結びついているので、「ああ複数の girl がいるんだな」、と話題に複数のモノが持ち込まれていることがわかるのです。「へぇ、それじゃ a の複数バージョンだな」と思った方、実にいいカンしてますよ。そう、some ...-s は、会話の世界にモノを新しく持ち込む a ... の複数バージョンと考えていいのです。次の文を比べてみましょう。ネイティヴにとって2つの文は、会話に持ち込まれたモノが単数か複数かだけのちがいしかありません。

a. I met **some guys** in the pub last night.
b. I met **a guy** in the pub last night.
（昨晩パブで人と会った）

さあこれだけでも無味乾燥だった some が豊かに使えそうな気がするでしょう？でもまだまだこんなものではありません。

someの「単なる存在（〜がある）」は、おもしろい使い方につながっています。

a. **Some kids** are jumping, others are hopping.
（ジャンプしている子もいればケンケンしている子もいる）

b. **Some pencils** are colored.
（色つきのペンもある：（黒だけじゃない））

c. **Some people** never learn.
（（世の中には）何も（経験から）学ばない人がいる）

a. の some は今までと同じです。単に情景を見ながら「〜している子がいる」ということです。一方 b, c はどうでしょうか。訳を見ればわかるとおり,「そーゆーモノや人が『ある（いる）』」と一般論を述べているにすぎないのです。このように some には**具体的なモノを想定せず、単にその存在だけを主張する使い方がある**のです。some のイメージの中心が「存在」にあることがよくわかりますね。

■ some の感触

さて、ここからが本番です。someの基本は「単なる存在（〜がある）」ですが、それがsome のもつ特別なニオイに広がってくるのです。

①「ある」感触

some のもつ「ある」という感触はさまざまな場面で**軽いニュアンスのフレーバーを文に与えます**。いくつか状況に分けて具体的に説明しましょう。

Situation 1　　何かを勧めるとき

Would you like **some** tea?　　（紅茶はいかが）

　相手に何かを勧めるとき普通 some が使われます。ま、人が家に遊びに来たときなどに使うんですが、そこにはThere's tea available for you. という「tea がありますよ」という「ある」感触がします。そこから「どぞどぞ」というニオイが出てくるのです。一方 any を使うとどうでしょう？any には「ある」という感触がまったくありません。勧めるニオイが出てこないのです。下では単なる「あるかどうかをたずねる文」になっていますね？

'Would you like **some tea**?'
'No thanks. Have you got **any coffee**?
（いえ、けっこう。コーヒーある？）

→ p. 52 any

Situation 2　　「ある」と見当をつけているとき

　Do you need **some help**?

　この some のニュアンスわかりますか？見当をつけてるんですよ。「あるんだろーなー」っていう。また some からは「あなたを helpする用意がある」、というニオイも漂っています。え？ any ですか？ もちろん any にすると単に「必要か否か」をたずねる平べったい文になってきますよ。

　Do you need **any help**?

さて、次の文のニオイがわかればここはもう卒業。

Oh, I just realized. I have no money! Can you lend me **some**?

はい、もう大丈夫ですね。この some から「ある（持ってる）だろう」という期待が感じられます。え？ 「any じゃないのか」ですって？ どうしても気になるんですねぇ。あっそうか。「some の疑問文・否定文の形は any」とかいうことを覚えてたんですね。**もう忘れてください。そんな規則ネイティヴは知らないんですから。**

②ボヤかす

some のもつ「単なる存在（～がある）」というイメージは考えてみれば、大変薄っぺらです。しかし薄っぺらなだけに、特別なニュアンスを運ぶことができます。それは**ボヤかす**、ということ。

何かをボヤかして言うことは英語にもよくあります。動機はいろいろとあるでしょう、何か具体的なことを言うのを避けているのかもしれません、あるいは知らないのかもしれません、はたまた単に重要ではないから言う必要がないと思っているのかもしれません。しかしいずれにせよ何かをボヤかして言うとき、この「単にそーゆーモノがあって…」という some はまさしく適任なのです。いくつか具体的な状況を差し上げましょう。

Situation 1　　言いたくない

次の Head Master（校長先生）と生徒の会話を見てみましょう。校長先生は何かを問いただしているようですが。

'Who told you that?'
（誰が君にそれを言ったのかね）
'...**Some kid** told me, head master.'
（ある子なんですが…）
'What do you mean *some kid*? I want to know who told you!'
（some kid とはどういうことなんだね。私は誰が言ったのかが知りたいのだ。）

言いよどんでいるかわいそうな生徒さんが目に浮かぶでしょう？

Situation 2　　　重要ではない

これも学校で。「日本で2番目に大きい湖は、北の湖です」と答えた生徒にびっくりした先生が…

'Where did you learn that?'　　（どこで覚えたの）
'**Some teacher** told me.'　　（どっかの先生が教えてくれた。）

この子はどこの誰先生などということに関心をもっていません。ただどっかの先生が教えてくれたんだってことを言いたいだけなのです。

Situation 3　　　明確なイメージがわいていない

some は話し手自身が明確なイメージをもっていないときにもしばしば使われます。ま、「ある」ってことだけは確信してるんです。

'There are **some good restaurants** in town.'
（街にはいいレストランがいくつかありますよ）
''Where?'
'Er... let me think... well...'　（うーん...）

この some の意味合いは several と比べるとより鮮明です。同じコンテキストで言い換えましょう。

'There are **several good restaurants** in town.'
（街にはいいレストランがいくつかありますよ）
'Where?'
'For example, why don't you go to Sabatini's?'

several ははるかに鮮明なイメージをもった単語です。必要とあればいつでもリストアップすることだってできるんですよ。

おなじみの some day, somebody, something.... は全部この使い方。明確なイメージがないんですよ。

さて、これで some もおしまい。ちょっと長かったですか？

名詞 ⑤

doredemo...

THINGS expressed by
any...

some の次は any。お決まりのパターンで恐縮ですが…。

POINTS TO LEARN

❶ any は聞き手に自由を与える単語。「どれを考えてもいいよ」という意味です。

■ some と any はちがう単語

some と any はちがう単語です。みなさんの中には「any = some、ただし any は疑問文・否定文で用いる」などと教わった方も多いでしょう。でももうそれは忘れてしまいましょう。たとえば次の文を見てください。

　　a. John doesn't like **any** of my friends.
　　b. John doesn't like **some** of my friends.

a は「私の友達は誰も好きではない」、全滅ということです。ですが b は「友達の中何人か嫌いな人がいる」ということでしょう？ この2つを必要以上につなげて考えるのはやめにしてください。some に独自のイメージがあるのと同様、any にも特別なニオイがあるのです。

■ any のキモチ

some は話し手が、会話の世界の中に何かが「あるよ」とモノを持ち込む単語でしたね。

>   **Some girls** came in.

と言えば聞き手は「あーgirls がいるんだなぁ」と思ってくれる、という単語でした。any は何も持ち込んだりしません。じゃ、何をやっているのかといえば、any は「**相手にゲタをあずけている**」のです。まずは簡単なものから（まぁ、これに限らずコツさえつかんでしまえば全部簡単なんですが…）。

>   You can choose **any partner**.

「(会話練習などで) どのパートナーでもいいですよ」と言っています。相手にゲタ、つまり**選択の自由を与えている**のです。ここがポイントですから、もう少し続けましょう。次。先ほどの文です。

>   John doesn't like **any** of my friends.

この表現をスローモーションで説明すれば「私の友達の誰を考えてもいいけど、その人が嫌い⇨みんな嫌い」というわけです。やはりゲタです。

any のニュアンスは以上です。どの例をとっても、「何を選んでもいいですよ」ということ。典型的に any が現れるコンテキストをいくつかごらんにいれましょう。

疑問文

Do you have **anything** to eat?　（何か食べ物ある？）

何でもいいですよ。何かありますか？というニュアンスですね。

> **否定文**
>
> Can you see any Napoleon fish? I can't see **any**. (全然見えん)
>
> どーいったナポレオンフィッシュも見えません。ここから「何も見えん」となります。

> **比較級の文**
>
> おなじみ、受験勉強でやったパターン。
>
> Tom is taller than **any boy** in his class. (どの少年よりも背が高い)
>
> どの少年を選んでもいいですよ。その人より… ってこと。

 もう十分でしょう。any は「相手にゲタをあずけている」、つまり「選択の自由を与える」ということです。もちろん、上の「否定文」「疑問文」… などを覚える必要はありません。any の意味合いにピッタリくるコンテキストであれば、「否定文」や「疑問文」でなくても、any を使うことができるのです。

Any man would be tempted by such an offer.
(どんな男でもそのような申し出には興味を覚えるだろう)

 さあ、もう大丈夫ですね？それでは最後の問題。次の文の奇妙さを肌で感じることができますか？（＊印はその文がおかしいことを示す）

*I met **anybody**.

語感にザラッときたはずです。「誰でも会いました」、こんな文、意味が通じませんよね。さあこれで any も卒業です。

名詞 6

> ねーよ。

THINGS expressed by -s

ここでは dogs, cats のように、何もつかない複数形を扱いましょう。

POINTS TO LEARN

1. -s にイメージはない.
2. Gorillas don't eat meat.
   (ゴリラは肉を食べない)

■ **イメージはない**

ここでみなさんに奇妙なことをお伝えしなければなりません。それは -s にイメージはない、ということです。今まで 「the のイメージ」「a のイメージ」などと口をすっぱくして言ってきたのに意外に思われるかもしれませんが、ないものはないのです。私が無理矢理作るわけにはいきません。-s にイメージのない理由はその成り立ちと無縁ではありません。

今までのさまざまな形を考えてみてください。

$$\left\{\begin{array}{l} \text{the} \\ \text{a} \\ \text{some} \\ \text{any} \end{array}\right\} \text{dog(s)}$$

the, a, some, any などは後ろの dog(s) を「しばる」要素です。dog(s) を the でしばることによって「一つに決まるような犬」という具体的なイメージが生まれているのです。a, some, any なども同じこと。裏を返せば dog(s) には何も具体的なイメージはないことになります。

事実ネイティヴは dogs と聞いても何も思い浮かべません。単に「犬」。ただそれだけです。the と聞けば「あの犬だな」と明確なイメージを思い浮かべるでしょう。a dog と聞けば今までの話題に上っていない一匹の犬を思い浮かべるでしょう。some dogs と聞けば数匹の犬がいることを感じるでしょう。ですが dogs はただの「犬」。そこにはなんのイメージもわいていないのです。

■ イメージがないゆえに

さて、この奇妙な「イメージのわかない」形、いったいどんな使い道があるというのでしょうか。まずは次の使い方をマスターしてしまいましょう。

全体を示す -s

Lizards attack **rodents** when they are hungry.
(トカゲは空腹のときネズミを襲う)

この文は「トカゲ」について一般的なことを言っています。一般的なことを言う以上、そこにはイメージがはりついては困るのです。「あのトカゲ!」とか「1匹のトカゲ」など具体的な個々のトカゲが想像されてはまずいのです。ですから -s。このように何かの類について一般的な性質を述べる場合 -s はもっとも普通に使える形なのです。例文が1つではちょっとフィールが伝わりませんね。それではもう1つ。

Athletes weren't paid large sums of money in those days.
(運動選手は当時大金をもらってはいなかった)

この文を読んで個々の運動選手をイメージしなかった方、「運動選手」一般について言っているんだと意識できた方。もう -s の語感は身についていますよ。そう単なる「運動選手」。なにもイメージされてないんですよ。

全体を示す -s と a

→ p.124 全体を示す a

　この何かの類について一般的な性質を述べる使い方は a... でも出てきましたね。「どう意味がちがうんだ」と疑問に思われるかもしれません。このちがいはネイティヴでもほとんど説明ができないほどかすかなニュアンスの差です。ですからこだわることはありません。

　一つだけ覚えていただきたいのは、この -s の方がはるかに自由に頻繁に使われるということです。その理由は簡単。a... には「新しいモノを持ち込む」という主要な役割がありましたね。ですから下手に使うと「一般論」ではなく「持ち込んでいる」と解釈されてしまうのです。自然、誤解されようのない「イメージのない -s」が好まれることになるのです。まーどーでもいいですよね、こんなこと。機会があれば、もっと重箱の隅をつつく文法書を書かせてくれるキトクな出版社があれば、いくらでも詳しく説明させていただきますよ。でもそれはあくまでも「言語学者」としてです。英語学習にはここまでで十分以上ですよ！ご心配なきよう。

■ 個々のモノを意識していない

　もう -s の基本は飲み込めましたね。さあここからは応用です。

　イメージのない -s はイメージがないがゆえの便利さがあります。みなさんはとくに個々のものをイメージせずに「うちの近所じゃね、犬がうるせーんだよ」なんて言うことがありますよね。頭に数匹の犬など思い描いてはいないでしょう？英語の -s はこういった場合に便利に使えるんです。the dogs といえばシロやポチなど具体的な犬がイメージされてしまいます。some dogs といってもやはり個々の犬が思い起こされてしまいます。何も個々のモノを意識せずただ「犬がうるせーんだよ」。-s の出番となるわけです。

　いくつか例をさしあげましょう。

名詞類　**57**

Situation 1　　　　学生寮のおじさん

　学生寮の管理人のおじさんが2人、話をしています。見回りを終えたおじさんAが、
「女子寮で男の子をみた。これは何とかしなくちゃなー」と言っています。
'A: I saw **boys** in the girls' dorm.　What should we do?

the boys は「あいつか」とわかる女子寮侵入常習犯の木田君と本山君。some boys の方は話題にboys を持ち込んでいます。イラストを見ればわかる通りこれらは個々の男の子をイメージさせる表現です。「こいつらひっつかまえなきゃ」などの発言がピッタリきそうです。

　しかしこの -sを使ったおじさんは個々の男の子を意識してはいません。単に「男の子を見たからなんとかしなきゃ」と言っているのです。

Situation 2　　　　眠れないジョン君

　ジョン君、電話をかけています。眠ろうとしたのに周囲がうるさくて眠れないんです。
　John: I can't sleep. The noise!　**Dogs** are barking.　**Cats** are mewing...
　（眠れねーよ。うるせーんだ。犬は吠えてるし猫はみゃみゃーいってるし。）

ジョン君は個々の具体的な犬、猫を意識していません。単に「犬や猫がうるさい」って言いたいだけなのです。

さて、最後は -s をうまく使えない場合

Situation 3　　やらしい話

ジェフ君、やばかった昨日の出来事を友達に話しています。教室でやらしい話をしてたときに突然女の子が入ってきたんです...
Geoff: **Some girls** came in when we were talking.
(話してるときによー、女が入ってきたんだよー)

ゴニョゴニョ話しているときに、女の子が「ガチャッ」！実に緊張感のあるお話。この話の中では突然入ってきた女の子がイメージされないとまずいですよね。ですから

Girls came in when we were talking.

はちょっと困ります。入ってきた女の子がイメージの中で見えてこないからです。「言いたいことはわかるんだけど、非常に物足りない文だなー」というカンジがしてしまいます。

■■■

まとめましょう。-sが使われているときには個々のモノは意識にのぼっていません。単に「犬が」「男の子が」といっているにすぎない、ということなのです。

（注）
　もしシックリこなくても気にしないでください。これは非常に微妙なレベルのお話です。英語上級者にとってもかなりつかみづらい感覚なのです。「-sにはイメージがない・個々のモノに関心はない」ことだけをしっかりと頭にとどめてください。その感覚のタネはみなさんが英語にふれるたびごとに育っていくはずですよ。

名詞 7

other 類
(他の)

a, the, -s のイメージがつかめたところで、other の使い方を説明しましょう。え?「関係ないだろ」ですか? 関係大アリなんですよ。

■ another, others, the other, the others

another, others, the other, the others を上手に使い分けることができますか? 今までは上手ではなかったかもしれません。でも10分後からはまったくちがうはずですよ。

---

another

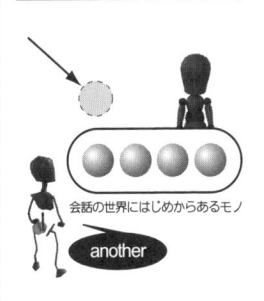

another は an + other です。もうこの単語の感触がわかりますね。そう、それまで会話の世界になかったモノを持ち込むのです。

These chocolates are delicious. Can I have **another**?
(もう1つくれる?)

会話の世界にはじめからあるモノ
another

名詞類 **61**

others

他

「他の」と言っているだけです。具体的なモノをイメージしてはいません。下の文では単に「僕じゃない人」と言っているだけです。

That's what I think. **Others** might think differently.
(僕の考えってこと。他の人はそう思わないかもね。)

the other

the がついていることから、この表現が聞き手にとっても「1つに決まる」ことがわかりますね。「1つに決まるような other」、そう、もともと2つしかない場合に使うんですよ。2つの中で「他は」。1つに決まりますね。

I bought a new computer. **The other** was not fast enough.
(新しいコンピューター買ったよ。前のは遅くて。)

the others

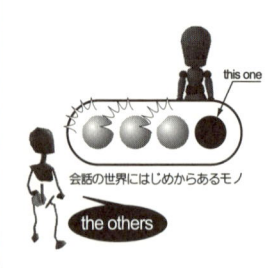

「1つに決まるような others」、それは残り全部ということですね。

I'll take this one but I'll leave **the others**.

これらの単語が another reason などのように名詞とコンビで使われたときもニュアンスは同じ。

> My husband decided not to accept the job in Singapore because he didn't want to leave the family.
> He also gave me **(a) another reason** why he refused the offer.
> 　　　　　　　　**(b) other reasons**
> 　　　　　　　　**(c) the other reason**
> 　　　　　　　　**(d) the other reasons**
> 【訳】
> 主人はシンガポールの仕事を受けないことに決めた。家族と離ればなれになるのがいやだったからだ。彼はその申し出を断った理由を教えてくれた。

(a) は、今までにあげた理由以外のもう１つということ。
(b) は、今までにあげた理由以外の（複数の）理由。
(c) は、２つしかない理由のうち、今まであげられた以外の理由。
(d) は、今まであげられた以外の理由すべて。

　もう感触は伝わってきますね？

名詞 8

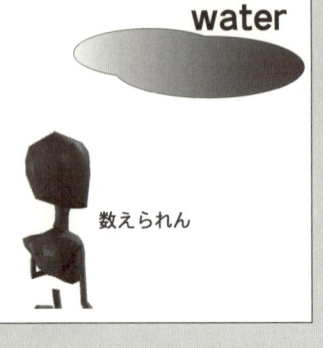

Uncountable Nouns
（数えられない名詞）

water

数えられん

英語の名詞には「数えられないモノ」が数多くあります。ネイティヴがどのように「モノ」を認識するのかを知るうえで欠かせないポイントです。

POINTS TO LEARN

1. 数えられないモノは「きまった形（具体性）がない」
2. 同じ基準が抽象的なモノにまで持ち越される
3. 種類に言及する場合に注意する

■「数えられない」名詞とは？

　これまで a... や -s を説明してきましたが、実は英語の中には a... や複数形をとらないものが数多くあります。これらの名詞を「数えられない名詞」と呼ぶことにしましょう。

　数えられない名詞には次のような特徴があります。その典型の water と数えられる名詞の典型 dog を比べてみましょう。

数えられる名詞(dog)	数えられない名詞 (water)
(1)数えられない名詞は a..., -s の形をとらない	
I killed **a dog**. I killed **dogs**.	*I drank **a water**. *I drank **waters**.
(2)数えられる名詞は「裸」では出てこない	
*I killed **dog**.	I drank **water**.
(3)数えられない名詞の「多い」「少ない」をあらわすときには many , (a) few は使えない。	
I killed **a few** dogs. (2-3 の) I didn't kill **many** dogs. (多くの)	I drank **a little** water. (少し) I didn't drink **much** water. (たくさん)

主な特徴はこんなところですが、覚えることなど何もありませんね。なにしろ数えられないんですから、数が基本になった表現はすべてだめ、ということです。身につけるべきはこんなことではありません。「数えられない」ということがネイティヴのどのような認識を反映しているのかを知ることが重要なのです。

■「数えられない名詞」を「数えられる名詞」と区別する

残念ながら「数えられる名詞」と「数えられない名詞」を 100%区別することのできる基準はありません。しかし、大まかな目安をつけることはできます。まずは下の基準をマスターしておきましょう。

決まった形（具体性）がない

water, wine, juice, oil などの液体、あるいは固体であっても ice ..., など決まった形がないモノは数えられません。

friendship, love, fear.... など、抽象的なものも数えられません。これも「決まった形がない」と関係していますね。

形なし

名詞類 **65**

ネイティヴが「数えられない」と判断するこの基準は、私たち日本人にも容易に理解することができるでしょう。ただ、この基準だけで100%すべてを正しく判断できるかといえば、そうではないのです。

「数えられる」「数えられない」という区別の中には、どうしても合理的な説明がつかないものも数多くあります。「習慣としてそうなっている」としか言えない場合があるのです。私たち日本人にとって理解できないということだけではなく、当のネイティヴにすら説明がつかないものが数多くあるのです。
　たとえば、rice（米）、been（豆）、corn（とうもろこしの黄色のブツブツ）を考えてみましょう。大きさはどれも似たようなものですし、どれもコロコロしてますよね。ところが英語では rice , corn は数えることができません。

　　　We eat **rice**.

となるのです。一方 bean は数えることができます。このような区別は、やはり1つ1つ身につけていくしかありません。ですから先ほどの基準は「大まか」だといったのです。
　ただ、こういった種類の単語はそれほど大きな問題ではありません。ゆっくりとリラックスしてだんだんと身につけていけばいいのですから。まちがえたって怒り出すネイティヴはいやしませんし、意味をまちがって取られることも（ほぼ）ないはずです。数えられる、数えられないが引き起こす真のむずかしさは、こんなところにはありません。
　本当にむずかしく、また私たちが是非とも克服しなければならないのは、「ネイティヴは同じ単語をあるときには『数えられる』ものとして、またあるときは『数えられない』ものとして使う」という事実です。そしてその克服にこそ、先ほどの「基準」は重大な意味をもってくるのです。

■数えられる場合・数えられない場合

「数えられる・数えられない」の区別が複雑なのは、そのどちらにも使える名詞が多いということにあります。次の文を見てみましょう。

【数えられる】
　　There was **a fire** in the building.
【数えられない】
　　There was **fire** coming out of the building.

fire という名詞がどちらにも使われていますね。それではどのようなニュアンスのちがいによってネイティヴは「数えられる」「数えられない」を区別しているのでしょうか。もちろんそのヒントは先に説明した「形があるかどうか」にあります。いくつかの名詞で練習してみましょう。すぐにいろいろな名詞に応用することができるはずです。

onion

There's an **onion** in the fridge.
（冷蔵庫にタマネギ1つあります）
There's too **much onion** in this stew.
（このシチュー、タマネギ入りすぎ）

　数えられる an onion は、ころころしているタマネギ1個。数えられない場合は、形がなくなっているということです。スープの中で溶けてしまっているんですね。

fish

I caught **a fish**.
(魚を捕まえた)
I catch **fish** for a living.
(魚を捕まえるのを生業としている)

　a fish は形のある魚、つまり1匹の魚。一方 fish では形が意識されていません。「生計のため、魚をとっている」。ピチピチした具体的な魚を思い浮かべてはいないでしょ？

school

I go to **a primary school** every Wednesday.
I go to **primary school**.（小学校に…）

　上は、形のある schoolを思い浮かべています。つまり学校という建物・場所ですね。そこに行っているということです。それでは「形のない学校」とは？そう「学校教育を受けている」ということ。日本語でも「短大に行っている」にはそこで教育を受けているという語感がありますね。

　「数えられる・数えられない」どちらに使うといってもそれほど複雑な内容があるわけではありません。「形（具体性）」という基準を思い出していただければそれで十分なのです。
　あ、そうそうちなみに、最初の fire の例文は、「火事」と「火」です。「火事」は出来事ですから1つ2つと数えられるし、火はメラメラしていて数えられないでしょ？

■「形・具体的」の基準は、抽象的な名詞にも持ち込まれる

ネイティヴがこの「数えられる・数えられない」のちがいに込める微妙な感触、おもしろいでしょ？ そして先程の基準を用いれば決してむずかしくはありませんね。それではさらに次の段階に進みましょう。

実はネイティヴはもう少し高度なことをやっています。次の文を眺めてみましょう。

> I have mixed **feelings** about this issue.
> He said it with **feeling**.

feeling はそもそも、形のない抽象的なものです。触れられないどころか、聞こえませんし、目にも見えません。ですが、ネイティヴはここにも「形・具体性」という区別を持ち込むのです。これが理解できれば、かなりのレベルに達することができるはずです。いくつか例をあげましょう。

---

feeling

I have mixed **feelings** about this issue.
He said it with **feeling**.

　「数えられる」feeling は具体的な感情。「この問題に関していくつかの具体的な感情が錯綜している」ということです。「数えられない」feeling には、何も「形・具体性」は感じられません。「感情を込めて言った」です。

名詞類

thought

What are your **thoughts** on this matter?
I was lost in **thought**.

　「数えられる」thought は「考え」。どんな具体的な考えをもっているか、ということです。数えられない場合は、漠然と物思いに耽っていたわけですね。

action

You are responsible for your **actions**.
Urgent **action** is required.

　もう慣れてしまいましたね？「数えられる」actions には何か具体性のあるもの、つまり具体的なさまざまな行為が思いおこされます。しかし「数えられない」action には、何も「形・具体性」は感じられません。「早急な行動が」です。

さていかがでしょうか。ここまで理解できれば、すばらしいレベルですよ。さあ、長らく続いたこの項目、次で最後になります。

■種類に言及する場合

これは蛇足ですが、使い方のヒントとお考えください。

本来「数えられない名詞」がしばしば数えられる使い方をすることがあります。たとえば beer。液体ですから数えられない名詞の代表格ですね。普通は a のように数えられないものとして扱われるのですが、b のような場合があるのです。

a. I had a lot of **beer**.
b. There're lots of different **beers**.

ネイティヴは b のような文を見たとき、「種類」がピンときます。「たくさんの種類のビールがあるんだな」と考えるわけです。このように種類に言及するときには、普通数えられない名詞が「数えられる」ことがしばしばあるのです。

その理由は簡単です。beer という液体は形がなく数えられませんが、種類を考えているとき、左のようにきちんと分かれた 1 つ 1 つのものを意識しているからなのです。

さあ、それではいくつか練習していきましょう。

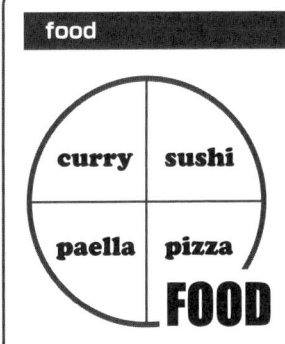

---

food

I love the **food** here. （ここのはおいしい）
I love trying different **foods** from all over the world.

food は「食べ物」ですから、普通決まった形がなく数えられない名詞として使います。ですが種類に言及したときには、図のように 1 つ 1 つ分かれたものを想像しているのですよ。

名詞類 71

> ### bread
>
> We have a lot of **bread** left.
> This bakery sells lots of different **breads**.
>
> パンも同じ。「たくさんパンが残っている」と「いろいろな種類のパンを」というちがいです。

> ### whiskey
>
> My mum loved **whiskey**.
> (ウイスキーが好き)
> She preferred Scottish **whiskies**.
> (スコッチの方が好き)
>
> 食べ物ばかりですみません。これも種類が念頭、ですね。

■ ■ ■

　さあ、これでおしまいです。お疲れさまでした。ちょっと長すぎましたね。日本人が一番違和感を覚える項目ですので、少し詳しくご説明した次第です。

名詞 9

Situations as THINGS
(モノとしての状況)

ここはワンポイント。「〜こと」という表現をマスターします。

POINTS TO LEARN

❶ 状況全体をモノとしてとらえることができる。
❷ to 不定詞、動名詞(-ing), that節 がある。that 節の語感に注意する。

■ 状況をモノ化する

モノは「犬」「愛」など、単純なものばかりではありません。「勉強すること」「私が彼女にひどいことを言ったこと」など通常は文に相当する「状況」もモノとして文中に取り込むことができるのです。ここでは、その典型的パターンとその意味を押さえておくことにしましょう。

「状況」をモノ化する場合には、to 不定詞、-ing 形 (「動名詞」と呼ばれていますね)、that 節などが多く使われます。

❶【to 不定詞】

To kill animals in experiments is cruel.

(動物を実験で殺すなんて残酷だ)

❷【-ing】

Killing animals in experiments is cruel.

(動物を実験で殺すなんて残酷だ)

❸【that 節】

That he killed animals in experiments is cruel.

(実験で動物を殺したのは残酷なことだ)

■ それぞれの状況

to 不定詞のあらわす状況

p. 129
to 不定詞

To play with fire is dangerous.

(火で遊ぶのは危険だ)

It's a shame **to waste so much food**.

(たくさんの食べ物をムダにするのは残念なことだ)

　to 不定詞があらわす状況は非常に漠然としています。「火で遊ぶこと」「ムダにすること」といった、特定の事実ではない、一般的なことを述べています。ちなみに to不定詞が主語の位置にくると「～ということは…である」と非常に堅い感じを受け、it...to の形になると、やわらかな印象の文になってきます。これは「主語の大きな文」が英語では一般に好まれないことに関係しています。あまり使われないタイプの文は、必然的に特殊なニュアンス（この場合は「堅い」）をもつようになるというわけです。

　また、to 不定詞に主語を加える場合、for を使うことをもう1度確認しておきましょう。

For foreigners to criticize our country is unacceptable.

It's unacceptable **for foreigners** to criticize our country.

(外国人がわが国を批判するのは承服しがたい)

名詞類

-ing のあらわす状況

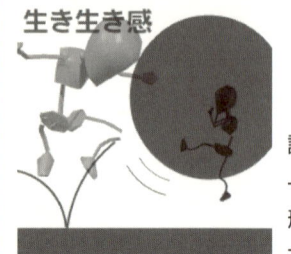

→ p. 150
ing-situations

生き生き感

Taking drugs can kill you.
I hate **owning a car**.

同じ「〜こと」と訳すものであっても、to 不定詞と -ing はその語感が著しくちがっています。-ing のイメージの基本は進行形にあります。進行形がもつ「生き生き感」があるのです。上の2つの文には to 不定詞のような漠然とした、一般的なニオイはありません。身近に起こっている感じが伴っているのです。「実際にヤクをやっている状況」「実際に車をもっている状況」を言外に感じながら「ヤクをやるのは」「車を所有するのは」と言っているのです。

that 節のあらわす状況

I think...

That he is a spy surprised me.
I think **that he is a spy**.

ここには新しいことは何もありません。that の中身を見てみましょう。そこには普通の文がありますね。文と同じ意味だと考えておけばいいだけです。ここでは一般には説明されていない that のニュアンスに注目しておきましょう。

一般の文法書には「that は文を導入する意味のない要素」と紹介されているようですが、**実はそうではありません**。

みなさんはなぜそもそもこの位置に that が使われるのか考えたことがありますか?

　that の基本は「あれ」です。つまりこの単語はそもそも相手の関心を何かに導く (leadする) 働きをもっているのです。

さあ、このキモチで先程の文をスローモーションで眺めてみましょう。

　I think **that** he is a spy.

　I think (思っています) **that** (それは何かというと) he is a spy (彼がスパイだってことを)。

という感じです。自分が think している内容をバン! と直接ぶつけるのではなく、相手の気持ちをそこに lead している感触があるんですよ。ですから、次のような文はちょっと語感にザラッとくる文となってしまいます。

　I think **that** he's an idiot.　(バカだと思うぜ)

ほら、he's an idiot というキツイ内容に相手を丁寧に lead するなんて、変な感じがするでしょう? この文は that がない方が普通なのです。
　でもまあ、それほど気にしなくてもいいです。ものすごーく繊細なニュアンスではありますから。

名詞

まとめ

　さていかがでしたでしょうか。英語のモノ表現がもつ敏感さにお気づきいただけたかと思います。ここで一言だけアドバイスしておきましょう。
　いいですか。ここではかなりくわしくそれぞれの表現の感覚を解説しましたが、実践においては「気にしないように」してください。英語のモノ表現は非常に高度に洗練されたメカニズムをもっています。ノンネイティヴの私たちがまねしようとしても一朝一夕で身につくものではありません。「いつでも正しく」などと神経質になってしまうようではここで学んだことがかえって逆効果になってしまいます。
　だいじょうぶですよ。もうすでにみなさんにはネイティヴの感覚のタネがまかれているのです。それを少しだけ気に止めておけば、次第にこの高度なメカニズムもみなさんの血肉になってくれるにちがいありません。
　あせらない、あせらない。

Chapter 3.
TIME
(さまざまな時表現)

時制 1

intro
(時のイメージ)

■ **時のイメージ**

　ほとんどの文には「時」をあらわす要素、すなわちその文がいったいいつ起こったのか、起きているのかをあらわす要素があります。それだけに「時」を上手に表現するテクニックは、英語をマスターする上で欠かせないもののひとつです。しかし英語の「時」をあらわす仕組みは日本語と大差がないため安心しているのでしょう、かなりの実力者であっても「時」をネイティヴのようにとらえていない場合が多いのです。ここではおなじみの「現在」「過去」「現在完了」「進行形」などを取り上げ、おなじみではないその本質を解説しましょう。この章を読み終わったみなさんには、今までにない表現力と理解力が身についているにちがいありません。もちろんネイティヴの「イメージ」とともに。

　まずは「未来」に関する意外なお話から。

時制 2

Future
(さまざまな未来)

POINTS TO LEARN

❶ 英語には未来をあらわす決まった形はない。
❷ 未来をあらわすさまざまなパターンをマスターする。

■ 英語には「未来」をあらわす決まった形はない

「未来をあらわす決まった形がない」というとちょっと突飛に聞こえるかもしれませんが、それを証明することはむずかしいことではありません。たとえば「決まった形がある」現在・過去と比べてみましょう。

【現在】

　　He **goes** to England.

【過去】

　　He **went** to England.

ほら、「現在」の文には「現在形」、「過去」の文には「過去形」が使われているでしょう？ 英語の「時（これを文法用語では『時制』と呼んでいます。これからはこちら

さまざまな時表現 **81**

のほうを使うことにしましょう）」はこのように動詞の形によって示されるのです。それでは未来をあらわすと「いわれている」文を眺めてみましょう。

【未来】

He **will** go to England.

この形を見てください。動詞の形によって「時」があらわされているでしょうか？ そうではありません。ただ単に will という助動詞が使われているにすぎないのです。また、未来をあらわす表現は will に限られているわけでもありません。次はすべて「未来をあらわす形」なんですよ。

未来をあらわすさまざまな形

❶ He **wil** go to England.　　　　　　　　　　　　　　　　（will）
❷ He **is going to** go to England.　　　　　　　　　　　　（be going to）
❸ He **is going** to England tomorrow.　　　　　　　　　　（進行形）
❹ He **goes** to England first, then to France.　　　　　　（現在形）

ちょっと驚きましたか？ 未来をあらわす決まった形などないのです。でも驚くのはまだ早い。ネイティヴはこれらの未来表現を、場面に応じて使い分けているんです。どういった具合に使い分けているかをそれぞれ眺めてみましょう。

■ それぞれの「未来」

will のあらわす未来

→ p. 118
助動詞 will

助動詞 will の意味は「推測（〜だろう）」「意志（〜する)」です。この助動詞が未来をあらわす文に頻繁に登場するのは、「未来」というもののもつ性質によります。未来は多くの場合私たちにとって未知なものです。それを語るときに「〜だろう」と推測したり、「〜するよ」と意志を表明したりすることは非常に自然なことであるはずです。

みなさんが何気なく「未来だ」と思ってきた will の文、よく見ると「推測」「意志」に限られているはずです。

【推測】

I **will** be transferred to Bangkok in a couple of years.
（2年でバンコクに転勤になるだろう）
He'**ll** be an excellent father.
（いい父親になるだろう）

【意志】

I'**ll** get it for you. （買ってきてあげるよ）
I'**ll** pay for dinner. （晩飯は僕が払うよ）

さまざまな時表現

be going to のあらわす未来

→ p. 105 進行形

be going to は**現在すでに to 以下の状況を引き起こすタネがある**ことを示します。この形が go to（〜へ行く）の進行形であるということに注意してください。to 以下に示された状況に進みつつあるということなのです。

未来の出来事につながる「原因」、あるいは未来に何かをする「意図」が現在すでにあるということを示しています。

【原因】
   a. It**'s** definitely **going to** snow.
     （雪が降るぞ、絶対）
   b. Watch out! The wall **is going to** collapse.
     （気をつけろ、崩れるぞ）

これらの文からもうすでに目に見えるような原因があることを嗅ぎ取らなくてはいけません。a の文ではもう空は黒い雲に覆われて、今にも雪が降り出しそうですし、b の文では壁はぐらぐらしています。

【意図】
   a. Oh, no — she**'s going to** jump!
     （げ。飛び降りるつもりだぞ）
   b. Get down! He**'s going to** shoot!
     （伏せろ。撃つつもりだ）

未来に続く出来事のタネ、それが be going to のもつニュアンスなのです。

be going to の「意図」と will の「意志」

be going to に「意図」、will に「意志」が出てきました。似たことばでわかりづらいかもしれません。ちょっと説明しておきましょう。

be going to は**その場に至るまでにすでに心が決まっている**ことをあらわします。もちろんこれは be going to の元の意味「to 以下の状況に現在向かっている途中」から来ています。つまり現在はもうその方向へ向かっているのですから、その時点ではすでに心が決まっているはずですね。この感触を「意図（〜するつもり）」と説明したのです。

それに対して will は**その場で「ああしよう」「こうしよう」と決める**のです。

（お金がないことに気づいた友人に）

　　It's OK. I'll lend you some. 　　（大丈夫。貸してあげるから）

（電話が鳴って）

　　I'll take it! 　　（僕が取るよ）

ほら、どちらもその場で決めていますね。

さまざまな時表現

進行形のあらわす未来

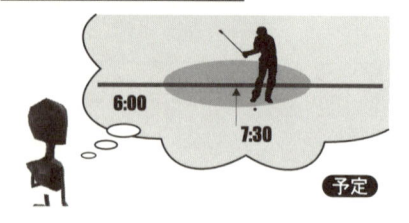

進行形とはある時点でその行為の途中であることを示します。

I'm playing golf. 　（ゴルフをやっています）

☞ p. 105
進行形

もちろん次は過去の時点で行為の途中であったわけです。

I **was playing** golf then. 　（ゴルフをやってました）

それでは進行形が次のように未来に対して使われたらどうでしょう。

I'm playing golf at 7:30 tomorrow morning.

未来の時点において「〜している」、これはとりもなおさず、その人の立てた「予定」に相違ありません。「3時には〜している」「明日の5時には〜している」、こういったことを日本語でもいいますね。ネイティヴのメモ用紙などをみるとよくこの進行形は使われているんですよ。

進行形を「予定」の意味で使う場合

予定をあらわす進行形は、at 3 o'clock, tomorrow... などがつくか、未来だと明確にわかるコンテキストで使われます。そうでなくては「今〜している」という普通の進行形と区別がつきませんからね。

現在形のあらわす未来

「明日は誕生日」、英語では

Tomorrow **is** my birthday.
(It**'s** my birthday tomorrow.)

→ p. 89 現在形

確実

と、現在形が使われます。「明日は」と厳密には未来をあらわす文に現在が使われているのはなぜでしょうか。それは「予定」や「推測」など不安定な要素が介入しないからです。つまり現在の事実と考えてよいほど確かなことだから現在形を使っているのです。カレンダーがらみや確実な予定などに使われる表現です。

She **leaves** Amsterdam on Saturday evening. （土曜夕方に出発します）

will be -ing

「推測（だろう）」+「〜している」の進行形。これは未来の出来事を思い浮かべている感じです。「こうなっているだろう」「ああなっているだろう」という感じがしてくるのです。単に未来を思い浮かべています。

This time next week I**'ll be basking** in the Bali sunshine. （来週のこの時間はバリで日光浴をしてるよ）

さまざまな時表現

> **神経質にならないでください**
>
> 　未来をあらわすさまざまな表現を説明しましたが、ここではかなり高度な使い分けを説明しています。決して神経質にならないでください。使い方をまちがえたとしても意味を取り違えられることはありません。英語が上達するにしたがって、だんだんと使い分けられるようになればそれで十分なのです。

時制 ③

Present
（豊かな現在）

現在時制。その重要性が見逃されている時表現ですが、実は私たちが考えるよりはるかに豊かな内容をもっているのです。

POINTS TO LEARN

❶ 現在時制は非常に豊かな表現力をもっている。特に「同時進行」を使いこなせるように。
❷ 「歴史的現在」にまどわされない。

■ 現在時制は現在の事実をあらわす

当たり前のことですが、現在時制は「現在は～である」と述べるための形です。いわば「現在の事実」をあらわすのです。

She **is** a nurse. 　　（彼女は看護婦：現在の事実）

「現在の事実」にはどのようなものがあるのでしょうか。

さまざまな時表現

■ 現在時制のあらわす事実

現在を含みずっと成り立っている

I **live** in Nagoya. (名古屋に住んでいる)

この文は、ただ現時点で名古屋に住んでいる、とだけ言っているのではありません。この文は「過去から、現在も、そしてたぶん未来も」というかなり長い期間を感じさせます。次の文も同じですよ。

Claude **speaks** four languages. (クロードは4カ国語話します)
This old computer **works** perfectly.
(この古いコンピュータはキチンと動きます)

いずれもかなり長い期間を念頭においた表現ですね。「かなり長い」どころか「永遠に成り立つ」ことも現在時制の得意分野です。

Ice **is** cold. (氷は冷たい)
6 divided by 3 **is** 2. (6割る3は2)

数学など理系の論文が現在時制を極端に多用するのもうなずけるというわけです。

現在の習慣

I **jog** every morning.

「ずっと成り立っている」ことではありません。学校にずっと歩き続けているわけはありませんからね。この文があらわしているのは現在の「習慣」。「毎日ジョギングしている」という習慣をあらわしているのです。もう1つだけ例をあげておきましょう。

I **smoke** much less these days. (最近は前よりタバコがずっと減った)

目の前で同時進行

Here comes the boss!

同時進行

この使い方はかなり特殊な部類に入ります。料理番組で「ナベにタマネギをいれまーす」などと聞いたことはありませんか？それと同じ使い方が英語にもあるのです。

現在行われていることを普通にあらわすのは進行形です。ですがこの形は、まさに目の前で**一連の出来事がくりひろげられている感じ**なのです。

I **cover** the watch with a handkerchief...
（マジシャンが：時計をハンカチで隠しマース）
I **chop** the cabbage into small chunks...
（料理番組で料理人が：キャベツを小さくきざみマース...）

ほら、目の前で時計を隠すマジシャンの姿が浮かんできたでしょう？次の文もまったく同じです。

Here **comes** the boss!（ボスが来るぜ）

近づいてきた上役の姿が見えましたか？

日本語と同じ

今説明した３つの現在時制の使い方、実は日本語とまったく同じなのです。気がつきましたか？
① 私のニョーボはつめたい。
② 私は寝る前ニョーボの肩をもみます。
③ アッ!!　ニョーボがこっちに来る。

■ キモチがあるところ、それが現在

みなさんは次のような文におめにかかったことはありませんか？

Last night Joe calls me and says he wants to meet straight away.

　奇妙なことに気がつきましたね。last night と過去の事柄について述べている文なのに現在時制が使われています。これは一体どうしたことなのでしょうか。旧来の文法書によるとこの「現象」は「歴史的現在とよばれ」、「過去を生き生きと描写するときに使う」そーなんですが…。
　実はこれそんな小ムズカシイことではありません。日本語で考えてみましょうよ。

　いやぁ、まいっちゃったよ。昨日の晩さぁ、ジョーが電話かけてきてすぐに
　会いたいって言うんだよ。

ほら、日本語でも同じでしょ？過去の事柄に現在時制が使われています。

　　タネあかしは実に簡単です。上のような日本語を使う状況をよーく考えてみましょう。
　電話がかかってきた状況を、この人は「過去」のものとして考えているでしょうか？そうではありません。過去の出来事を思い出しながらあたかも自分が今その場にいるようなキモチで話しているのです。つまりこの人、キモチの上ではその出来事のまっただ中にいるんですよ。だから現在時制。現在起こっている出来事を述べる現在時制を使うというわけです。
　こういった現在時制は書き言葉よりもむしろ話し言葉で頻繁にあらわれます。みなさんだって日本語では頻繁に使っているはずですよ。

時制 4

Present Perfect
(現在完了)

多くの日本人が苦手な現在完了。実はそれほどむずかしい話があるわけではありません。すぐですよ。

POINTS TO LEARN

❶ 現在完了は「過去を視野に入れながら、現在について語る」形。現在でもなければ過去でもない。
❷ 過去と現在がどうかかわってくるかを感じるセンスを身につける。

■ 現在完了は「現在」でも「過去」でもない

現在完了のイメージの力点は「現在」にあります。「現在」どうなっているのか、が問題なのです。(＊印はおかしな文を示す)

　＊Where **have** you been last year?

よく知られているように現在完了形と過去をあらわす語句は同居しません。それは現在完了が「現在」について述べているからです。過去に何があったかに焦点があるわけではないからです。

さまざまな時表現 **93**

*What time **have** they arrived?

yesterday などのように「明確に過去をあらわす」語句でなくとも、その力点が過去にある文に、現在完了は使うことができません。「何時に到着しましたか」という過去の時点を問題にしている文に「現在」がどのようなかかわりがあるというのでしょうか。また

　　*Ancient Rome has constructed excellent irrigation systems.

もまたおかしな文であるとピンとくるはずです。大昔滅亡した古代ローマがすぐれた灌漑システムを作ったことが今とどういったつながりにあるのかわからないからです。

　現在完了は「過去」ではない、十分明らかですね。しかしもう１つ注意しておかねばならないことがあります。それは**現在完了は「現在」でもない**ということです。

　　a. I**'ve** worked here for 25 years. （ここで25年間働いている）
　　b. I **work** here. （ここで働いている）

a の文が明確にある過去の時点から今までに至る流れを感じさせるのに対して、b の文は（言外に過去から未来に至る長い範囲を想起させるにせよ）「現在」についてのみ語っています。

　現在完了は常に過去の出来事に対する視線を感じさせます。つまり、**「過去を視野に入れながら、現在について語る」**形なのです。

■ 「現在」と「過去」とのつながり

　現在完了は「過去を視野に入れながら、現在について語る」形です。すなわちネイティヴは「過去」とのつながりを意識しながら「現在」を語っているのです。さて、それでは実際にはどのようなつながりがあるのでしょうか。

　ネイティヴが現在完了を使う場合、そこにどのようなつながりを見ているかは簡単にわかります。「文中にあらわれた語句」や「前後の文脈」がヒントになるからです。まずは文中にあらわれた語句がヒントになる場合を考えていきましょう。

■ 文中にあらわれた語句がヒントになる場合

for, since など

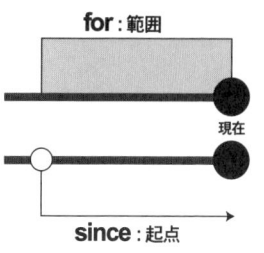

左のイラストのように for は「範囲」、since は「起点」をあらわす前置詞です。これらが現在完了とともに使われたときには、もちろん「その期間、その時点から、今に至るまでずっと」ということになりますね。

I've played in the orchestra **for** 10 years.
(10年間オーケストラで演奏している)
I've played in the orchestra **since** I arrived here.
(ここに来てから…)

☞ p. 185 for

ever, never など

ever (今まで), never (今まで〜ない) という単語が使われたらどうでしょう。

Have you **ever** been abroad?
(外国行ったことある？)
I have **never** been abroad.
(外国行ったことがまったくない)

これは「過去に〜したことがある（今はそういったことを経験済み）」ということです。

さまざまな時表現 **95**

ever, never の本当の意味

説明の便宜上 ever を「今まで」と訳しましたが、実はこの単語の意味は「今まで」ではありません。この単語は any と非常に近い意味をもっています。at any time (いつでもいいんだけど) ということ。逆に never は (どの時点をとってみても~しない) ということです。

→ p.52 any

Have you **ever** been abroad?
(どの時点のことでもいいんだけど、ロンドンに行ったことありますか)

が一番近い日本語訳です。ここから「今までに」という訳が生まれたのでしょう。

このように意味の中に any を含んでいると考えると、なぜ次のように平叙文で ever が使われるとおかしいのかがわかってきます。

*I have **ever** been abroad.

I have been abroad と言えばすむところですね。

ever に any の意味が含まれていると考えれば、whatever (何でも)、wherever (どこでも) などという ever の他の使い方とのつながりもわかるでしょう？

just, just now... など

just, just now は「たった今、ちょうど」ということです。こういった語句と現在完了が使われれば、「現在」と分かちがたいような「過去」に、ある出来事が起こったことを示しています。

They've **just** left. (たった今出ていった)

> #### already, yet...など
>
> already（すでに）、yet（もう）という語句は何か変化が起こったことをあらわしていますね。
>
> They've **already** left.
> Have they left **yet**?
>
> 「立ち去っていない」状態から「立ち去った」状態への変化、ということです。これらの文は「今はもう…」に力点があります。

【文中にヒントがない場合】

文中にヒントがなければ、話し手がどういった「つながり」を考えているのかを類推しなければなりません。しかしそれは文脈（その文が使われている状況）を考えてみれば、簡単にわかるようになっています。また、そうでなければその現在完了の文は落第なのです。いくつか具体的なケースを眺めて慣れていきましょう。

Situation 1

> あなたはお友達にたずねます。「どうしてパーティきてくれなかったの？」お友達は答えました。
>
> I'**ve** twisted my ankle.
>
> これは明らかですね。「捻挫して、まだ今直っていない」ということです。現在完了は常に「今」にfocusがあるんですよ。

さまざまな時表現 **97**

Situation 2

ご主人から電話がありました。遠くの駅からのようです。

　I**'ve** missed the last train.

さてどうでしょう。わかりましたね。「終電乗り遅れたから、帰れなくなってる」ってこと。

Situation 3

友人があなたに真剣に頼んでいます。

　I**'ve** left my wallet at home.

よくありますね。「財布忘れたから、今お金がない」ってことです。毎日忘れている人も時に見られます。そーゆー人には 'What, again?' と言ってください。

■　■　■

さて、もう大丈夫でしょう。現在完了とは徹頭徹尾「過去を視野に入れながら、現在について語る形」だということです。あとは日々の研鑽で、どのような「つながり」を過去ともっているのかを割り出す力を身につけていくだけですよ。

時制 5

Past
(過去のイメージ)

過去時制にはおもしろいイメージのひろがりがたくさん見られます。ネイティヴの「過去」を肌で感じ取ってください。

POINTS TO LEARN

1. 過去時制は「遠ざかる」イメージ。
2. 過去の「遠ざかる」は、過去の助動詞のもつ控えめなニュアンス、仮定法などと深くつながっている。

■過去時制は3D

「過去」ほど長い間誤解されてきた時制はないでしょう。過去のイメージを理解するためには、意識を転換させねばなりません。そしてその甲斐は十分あるのです。

過去の文は通例右のようなイメージだと考えられてきました。

Tadashi **broke** a window.
(忠は窓を割った)

さまざまな時表現

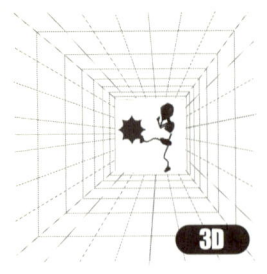

ここでイメージを転換しましょう。グリッと回して3Dにしてください。この**「遠ざかる」**というイメージがネイティヴのもっている過去のイメージに一番近いのです。これからこのイメージを使って、単なる「過去」がいかに豊かな意味をもっているかを説明しましょう。

■過去と現在完了

過去のもつ「遠ざかる」イメージを現在完了と対比させて説明していきましょう。次の文をごらんください。

a. We'**ve been** married for 9 years.
b. We **were** married for 9 years.

a は「現在でも結婚している」です。現在完了は「今」に焦点が当たるからです。ところが b の文はちがいます。「結婚していた」という表面上の意味の他に、「もうそうではない（別れてしまった）」というニュアンスがあることに気づきましたか？ 9年間の結婚生活が「遠ざかった」カンジがするんですよ。

a. I'**ve broken** my wrist.
b. I **broke** my wrist.

このペアにも同じちがいが感じられます。a は「今でも直っていない」ですが、b は「もう直ってしまった」という語感が強くするのです。つまり**過去には「その出来事が遠くに行ってしまった（もう今はそうじゃない）」というニュアンスが言外に感じられている**のです。上の2つほど明らかではありませんが、次の文にも同様な語感が感じられます。

a. Have you written to your mum? 　（お母さんに手紙書いた？）
b. Did you write to your mum? 　（お母さんに手紙書いた？）

a のほうには b には感じられない「最近に（recently）」というニュアンスがにおってきますね。この感触がつかめればシメたものです。

■過去の助動詞

p. 124 助動詞

　may, can, will の過去形を作ってみてください... もちろん might, could, would です。ですが、これらの単語が may, can, will の「過去」として使われる頻度はあまり高くありません。might にいたっては may の「過去」として使われることは（時制の一致の場合を除いて）ほとんどないといってもいいでしょう。

　それでは過去の助動詞はどんな意味で使われるのでしょうか。例を見てみましょう。

【may - might の対比】

① 「〜かもしれない」	② 「〜よい」
I **may** go skiing this year. （スキーに行くかもしれない） I **might** go skiing this year. （ひょっとするとスキーに行くかもしれない）	**May** I suggest we meet again tomorrow? （明日また会うということにしていいでしょうか） **Might** I suggest we meet again tomorrow? （明日また会うということにしてよろしいでしょうか）

① で may はだいたい 50% くらいの可能性をあらわします。ところが might は 30%。「ひょっとして」ぐらいになってしまいます。
② might のほうが明らかなへりくだり感がでています。

【can - could の対比】

① 「できる」	② 「可能性がある」
My grandad **can** do it. （私の爺さんでもできるよ） Even my grandad **could** do it. （私の爺さんでもできるかもねぇ）	The subway **can** be dangerous. （地下鉄は危険なこともあるよ） The subway **could** be dangerous. （地下鉄は危険なこともあるかもなぁ）

① で、can は「できる」という強い表現なのにたいして could は「できるかもなぁ」と控えめな表現になっています。
② も同じです。can の「〜することもある」から「〜するかもなぁ」程度になっているんです。

さまざまな時表現

【will‐would の対比】

① 「～します（意志）」	② 「～だろう（推測）」
I **will** die for you. (君のためなら死んでもいい) I would die for you. (君のためなら死んでもいいかも)	The good-looking kid will be your son, right? (このかっこいい子は君の息子だろう、ね？) The good-looking kid would be your son, right? (この子は君の息子かしら、ね？)

① の will には力強い意志を感じますが、would はそれよりも少し弱まった感じがしてきます。

② も同じ。will にはかなり確信を持った感触がありますが、would にはそのような強さはありません。

もうわかりましたね？ よく例を眺めると、どのペアでも過去形を使うと、よりマイルドな（トーンダウンした）表現になっていることがわかりますね。**控えめな表現になっている**というわけです。

その理由は、もちろん過去のもつ「遠く離れた感じ」と重なり合うからなんですよ。**can や will, may のもつ強い主張から、遠ざかっているというわけ**です。

これらの過去の助動詞の使い方、もし今まで知らなかったとすれば大もうけです。ネイティヴがこれらを使うとき、みなさんにはそのネイティヴの醸し出そうとしているニュアンスが手に取るようにわかるはずですから。

■仮定法

意外なことかもしれませんが、ムズカシイと悪名高い仮定法も過去の「遠ざかる」イメージの下に集まってきます。まずは仮定法の意味からおさらいしておきましょう。

仮定法のもつ意味

仮定法はどのようなときに使うのでしょうか。**反事実**つまり現実と著しく乖離（かいり）している（まったく現実には起こり得ない、あるいは起こる可能性が著しく低い）内容を述べるときに使う形です。次の文をごらんください（bが仮定法）。

a. If you **smoke**, I **will** not be happy.
b. If you **smoked**, I **would** not be happy.

aは通常の形です。この場合話し手は単に「喫ったらやだよ」と言っています。一方bの仮定法の場合はどうでしょうか。このとき話し手は「喫いはしないと思うけど」とその内容が現実離れした内容であると考えていることがわかります。

仮定法という形

仮定法の作り方は、むずかしいものではありません。次の仮定法文と日本語訳をじっくりと眺めてください。すぐに作り方のコツがわかるはずです。

I wish I **had** a big house.
（実際にはもっていないんだけど大きな家もっていたらなぁ）

この文は過去のことを述べている文ではありません。訳を見ればわかるとおり「(今)もっていたらなぁ」と現在のことについて述べているのです。**「現在」のことを「過去」で述べれば仮定法**、という至極単純なメカニズムなのです。

先ほどの文をもう一度思い出しましょう。

If you **smoked**	I **would** not be happy
もしあなたがたばこを喫ったら	イヤだろうな

同じパターンになっているはずです。現在のことを仮定法の意味で（つまり「可能性が著しく低い」というキモチで）述べるためには、過去を使えばいい（smokeがsmokedに、will（だろう）がwouldになっています）のです。

仮定法ではなぜ「過去」を用いるのか

さて、それではなぜ「可能性が低い・現実離れ」といった意味をもつ仮定法に「過去」が用いられるのでしょう。その答えはみなさんはもう見つけてしまったはずです。答えは過去のイメージ「遠ざかる」にあります。(準備はいいですか、これから非常に感覚的なお話をしますよ)

現実のものではない、可能性が非常に低い事柄を想像してみてください。「もし私に3人妻がいたら」とか「もし妻が1年に1回でもやさしくしてくれたら」とか「もしお小遣いが100万円あったら」……。これら可能性が低い事柄を想像するとき、それらの事柄を身近に感じていますか？自分の目の前にぶら下がっているように感じますか？

私の家内は「そぉねぇ、私に100万円あったら……」などというとき、少し目を細めながら遠くを見るように話します(ちょっとかわいい)。かわいいかどうかは別としてみなさんも同じではないでしょうか。それら可能性の非常に低い事柄は身近に感じられてはいません。何かこう自分から遠ざかったものとして考えているはずです。それが人間に共通した感性なのですよ。それが**過去のもつ「遠ざかる」と重なり合う**、というわけなのです。

■ ■ ■

過去イメージの話、多くの方々は説明をかなり先回りして理解できたはずですね。そう正しい感性を身につけていれば、糸がほぐれるようにネイティヴのキモチがわかってきます。それが本当の英語力につながるのですよ。

時制 6

Progressive
(進行形)

「〜している」「〜しているところ」でおなじみの進行形。そういった訳からは伝わらないイメージをおさえましょう。

不十分 →
している

POINTS TO LEARN

① 短期間
② 生き生き感(身の回り感)
③ 行為感

①進行形の基本イメージ

I am drinking coffee.

↑現在

　進行形のイメージの概略は上の図のようになります。現在(時制が過去のときは過去)の時点においてある行為の途中、ということです。要するに「〜している」「〜しているところ」というわけですが、ここで理解を止めてはいけません。進行形の本質を知るためにはもう少しくわしく眺めてみる必要があります。

さまざまな時表現　**105**

Her mother **was dying**.

もちろん「死んでいる」ではなく「死にかけている」ですよね。同じように次の文も「止まっているところ」ではありませんよね。

The bus **was stopping**. （止まりかけていた）

大切なのはある出来事の途中というイメージであり「〜している」「〜しているところ」という訳語ではありません。

さて、それでは進行形のキモチをもう少しくわしく説明していきましょう。

■短い期間

...working perfectly

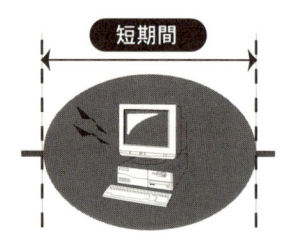

進行形は比較的短い期間のできごとをとらえます。たとえば先ほどの現在時制の文と比べてみましょう。

a. This old computer works perfectly.

この文には「ずっと成り立つ」感じが漂っています。「このコンピューターはまともだよ」と訳してもいいくらいです。これを進行形にすると、

p. 89 現在時制

b. This old computer **is working** perfectly.

「（今は）ちゃんと動いているよ」。ごくごく限られた期間のお話しになってきます。

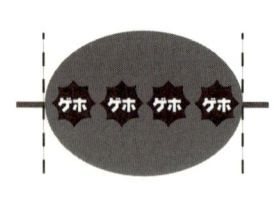

ただこの「期間」、短いながらも期間は期間なのです。

He was coughing.

a. He **was coughing**. （セキを...）
b. The bully was hitting me.
　（いじめっ子は私を叩...）

ただ一回セキをしただけなのでしょうか。バシッと1回叩いたのでしょうか。そうではありません。期間が意識されています。その間ゲホゲホゲホと、バシバシバシと繰り返しその行為が行われたことになりますね。

> ### 現在完了進行形
>
> 1つ応用をしてみましょう。この進行形と現在完了が一緒に使われるとどのような意味になるでしょう。
>
> a. I've (just) cleaned the floors, so don't walk on them!
> (掃除したばかりだから歩くなよ)
> b. I've been cleaning the floors all afternoon: I'm shattered!
> (午後ずっと掃除しててヘロヘロ)
>
> 大丈夫ですね。普通の現在完了が単に「今」の状況に焦点が当たっている(今床は濡れている)のに対し、現在完了進行形は、その行為が今に至るまで繰り返されていることに焦点があります。「ずーっと掃除し続けている」という感じがしてくるのです。

■生き生き感（身の回り感）

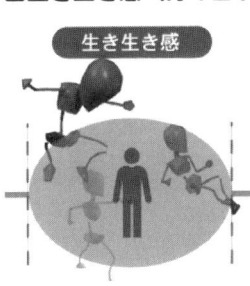

これはワンポイント。進行形には、当たり前のことですが、**生き生き感ーこれは「臨場感」「身の回り感」といってもいいでしょうー**が濃厚に漂っています。

進行形はある「出来事の途中」でしたよね。現在はその出来事のまっただなか、なのです。ここから生き生き感がでてくるのに不思議はまったくないでしょう？

■行為感

「〜している（ところ）」という訳だけを覚えて進行形を征服したつもりになっていると、次のような文を作ってしまいます。（＊印はおかしな文であることを示す）

a. *John **is having** a motor-bike.　　（バイクをもっている）
b. *My sister **is being** fat.　　　　　（太っている）
c. *She **was thinking** it was beautiful.　（キレイだと思っていた）

訳を覚えただけの人は「〜ている」にひっかかるのかもしれませんが、どれもこれもおかしな文ですよ、もちろん。

というのは、進行形は「行為」にしか使われないからです。「バイクをもっている」「太っている」は何か動きをともなった行為でしょうか。また、think は「思う」。キレイだな、という感情が心の中に浮かんでいるような状態です。やはり行為とは言い難いでしょう。でも勘違いしないでくださいね。「have や think は進行形にならない」などと覚えたりしないでください。

d. We **were having** dinner at that time.（そのとき夕食を食べていた）
e. I **was thinking** we could go to Spain this year for our holidays.
　（今年は休みにスペインに行こうかなあどうしようかなあと考えていた）

このとき have は「食べる」という意味で使っていますね。think は「思う」ではなく頭をぐりぐり積極的に動かす「考える」。このように同じ動詞でも「行為感」が強まれば当然進行形にはなるんですよ。

さて、それでは問題。次の文の内まちがっているのはどれでしょうか。

f. John **was looking** at the flowers.
g. John **was seeing** the flowers.

もちろん seeing がダメ。look は「目をやる」という行為なのにたいして see は「見えている」。積極的な行為ではないんですよ。しつこいようですが、もう１つ。

h. We **were listening** to my new CD.
i. We **were hearing** my new CD.

もちろん hearing がダメ。listening が「耳をかたむける」であるのにたいして hearing は「音が聞こえる」だからです。積極的な行為ではないんですよ。

■■■

　さて、ここまで理解すればもう大丈夫。進行形を肌で感じることができるでしょう。ドンドン使いたおしてくださいね。

時制

まとめ

　さて、さまざまな時表現いかがでしたでしょうか。名詞ほど日本語とへだだりが大きくないだけに、また受験などの問題にはなりづらいだけに、その重要性が看過されてきた話題です。
　しかしもうみなさんはその豊かな意味、重要性にお気づきになったはず。これから現在時制の文をみるたびに、現在完了の文をみるたびに、仮定法の文をみるたびに、ネイティヴのキモチが伝わってくるでしょう。

Chapter 4.
AUXILIARY VERBS
(助動詞)

助動詞 1

intro
(助動詞のイメージ)

主観

■ 助動詞のイメージ

　助動詞は「できる、だろう、ねばならない…」など、文に話し手の主観を込める、重要な要素です。それぞれの助動詞はおおまかに言って、2つの対になった意味をもっています。たとえば must は「ちがいない、ねばならない」といったように。多くの学習者はその2つを別々に暗記しようとしますが、ここに大きな誤りがあります。

　助動詞の2つの(あるいは細かく分けると、いくつかの)イメージはけっして無関係ではありません。むしろネイティヴのイメージの中では密接につながっていると考えたほうがいいのです。

　以下では主要な助動詞について説明を加えていきますが、その焦点は2つの意味の中心にある、**核となるニュアンス**にあります。この核を押さえることによって、みなさんの助動詞理解がいっそう深まるにちがいありません。

助動詞 2

must
(抗しがたい力)

POINTS TO LEARN

must のイメージは「抗しがたい力」。そこから must の主たる2つの意味が生まれています。

■ mustの核

must の本質はその「抗しがたい力」にあります。ここを起点としてこの助動詞の主たる2つの意味、「ねばならない」「ちがいない」が生まれているのです。

■ must の使い方

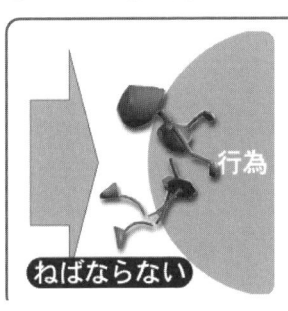

「抗しがたい力」→「ねばならない」

ネイティヴが

I **must** call my parents. （電話かけなきゃ）

というとき、そこにはかなり高い圧力がかかっていると考えてください。よんどころない事情によってそうせざるをえないということです。同様に He mustn't do it. You must do it. というときにも、話し手は「どうしても…」という高い圧力をかけていることになります。

「抗しがたい力」 ➡ 「ちがいない」

「抗しがたい力」はこの場合論理的圧力です。さまざまな事実を考えれば、こう結論せざるをえない、という高い圧力です。

They **must** be rich. 　　（金持ちにちがいない）

というとき、そこには疑いをさしはさむことのできない、確かな裏付けを感じているのです。

過去形をもたないmust

must には過去形がありません。「行かなければならなかった」と過去を表現するためには、

I **had to** go.

と、must に近い意味をもつ have to で代用します。

must が過去形をもたない理由はその「切迫感」にあります。must のもつ高い圧力は「現在ひしひしと感じられる」種類の圧力です。「過去そうしなくてはならなかった」という「離れた」状況に must の「切迫感」はそぐわないのです。

助動詞 ③

may
(開かれた道)

道

POINTS TO LEARN

may のイメージは「開かれた道」。must 同様この1つのイメージから主たる2つの意味が生まれています。

■ mayの核

may のニュアンスの核は「開かれた道」です。上のイラストのように may にはある方向に道が開かれている感触があるのです。この助動詞の主たる2つの意味「してもよい」「かもしれない」はこの感触を起点としているのです。

■ may の使い方

「開かれた道」→「してもよい」

許可

You **may** do it.（そうしてもよい）

この文には、話し手のもつある種の権威を感じることができます。話し手が「許可」を与えている感触があるのです。ある行為に話し手が「道を開いている」イメージからこのニュアンスがでているのです。同様に May I...?（していいですか）には、相手の立場を尊重するニュアンスがうかがえます。

「開かれた道」→「かもしれない」

可能性

「開かれた道」は可能性につながります。つまりある事態への可能性が「閉ざされていない」ということです。

That **may** be the case.（そうかもしれない）

というような論理的な可能性でも、次の文のような

We **may** move house soon.
（もうすぐ引っ越すかもしれない）

未来に「こうするかもしれない」という可能性でもかまいません。ですが、「閉ざされていない」程度の可能性ですから、50％くらいの確率しかありません。

「許可」をあらわす may と can

「許可」に関しては、may と can どちらも使うことができます。

May I come in? 　　（入っていいですか？）
Can I come in? 　　（入っていいですか？）

日常会話において以前は may が標準的でしたが、現在は can を用いる場合が多くなっています。その理由はもちろん、may には「道をひらく」という相手が許可を付与する感触が色濃く伴うためです。人間関係に序列意識が希薄になってきた現代の傾向を反映していますね。

「たぶん」の maybe に注意

maybe は「たぶん」と訳されることがありますが、これは必ずしも正しい訳とはいえません。may の「かもしれない」は「道が閉ざされていない」程度のものです。可能性としては50％ぐらいのものです。この単語を用いたmaybe が、私の感触では70～80％の高い可能性を示す日本語「たぶん」になるはずはありません。実際はやはり50％ぐらい。「こんなこともありそう」ぐらいの訳が適当です。日本語の「たぶん」に相当する単語は、probably… あたりです、たぶん。

助動詞 ④

will
（力強さ）

力

POINTS TO LEARN

❶ will は「未来の助動詞」ではない。
❷ will に一貫して流れる「力強さ」に注目する。

■ willの核

will は長い間誤解され続けてきた助動詞です。「will ＝未来時制」という図式が広く流布されてきたからです。しかしそれはまちがいです。助動詞 will のもつ2つの意味が未来を述べるのに適した意味をもっているにすぎません。実相は、未来をあらわす定型をもたない英語が、「willを借りて未来をあらわしているのだ」と言えるでしょう。

p. 81
will のあらわす未来

さて、will には「推測（〜だろう）」と「意志（〜する）」という2つの使い方がありますが、その核は「力強さ」にあります。「意志」はもちろん「力強い」イメージですし、「推測」といっても「かもしれない（may）」のような弱々しさはありません。そこには**一貫して「力強さ」が流れている**のです。

■ will の使い方

力強い「推測（～だろう）」

That **will** be my dad.
（電話が鳴って：お父さんだろう）
The woman in the gray suit **will** be the chairperson.
（グレーのスーツの女性が議長だろう）

will の推測には「そーかもしんないし、そーじゃないかもしんない」などという may のような不安定な弱々しさはありません。**話し手はかなりの確信をもって話をしています**。「もしかするとちがうかも…」などといった疑念はまったくもっていません。believe している、といっても過言でないほどの力強さがあるのです。

意志

will は次のように、訳に出てこないような軽い意志から強烈な意志までさまざまな強さの意志をあらわすことができます。

I'll bring the file to you immediately.
（すぐにファイルを持ってくる）
OK, **I'll** talk to her. （僕が話しとくよ）

I **WILL** find out what really happened.
（実際何が起こったんだか絶対つきとめてやるからな）

最後の文のように強烈な意志をあらわすときには、will に強い強勢をおいて（will を強く読んで）ください。何にも負けない強い意志を表明することができます。

「推測」 ➡ 「推測できる（力強い傾向）」

傾向

いささか頻度の低い使い方なのですが...。

Accidents **will** happen. （事故は起こるもの）

will には「ものだ」と訳されるような使い方があります。「推測」が「推測できる」につながっているのです（accident というものは起こると推測できる、ということ）。ですが、**理屈に深入りする必要はありません。「ものだ」という訳がぴったりの強い傾向をあらわしている**、と考えてください。accident に対して「起こる」という強い傾向をみているのです。

この「強い傾向」は、人に使うことだってできますよ。「強い傾向」「習慣」をあらわすわけですね。

You **WILL** keep making the same stupid mistakes.
（いつも同じ馬鹿なまちがいばっかりして）
Whenever we go camping, my dad **will** wake up with the birds!
（キャンプに行くと父は鳥と同じ時間に起きてるよ）

ちなみに「過去の習慣をあらわす would」としてみなさんが習ったはずの文法事項は、単にこの will の過去にすぎません。

Whenever we went to soccer matches, we would drink too much beer.
（サッカーの試合に行くといつもビールを飲み過ぎたもんだった）

助動詞 5

can
(潜在性)

潜在

POINTS TO LEARN

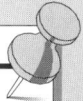

① can は「潜在性」。
② 「できる」以外の意味をマスターする。

■ canの核

can の訳は有名ですね。そう「できる」です。そこに「**潜在性**」というイメージを加えておきましょう。そうすれば can のもつ豊かなニュアンスを使いこなすことができます。

■ canの使い方

できる

ひとくちに「できる」といっても、実にさまざまな「できる」があります。canが典型的に使われるいくつかの「できる」を解説しましょう。そこに canの核である「潜在性」を嗅ぎとってください。

(1) 能力の「できる」

I **can** speak English.（英語が話せる）

話す能力があるということです。「必要になれば、やろうと思えば話すことができる」能力を潜在させているということですね。

(2) 許可の「できる」

Can I watch TV now? （観ていい？）
You **can** watch TV now. （観ていいよ）

「できる」は能力に限られるわけではありません。誰かの「許可」によって「できる」場合もありますね。

(3) 状況によって「できる」

何らかの状況が「できる」を保証している場合もありますね。

You **can** catch trout in this river.
（ここでは鱒がとれるよ）
You **can** see whales off this coast.
（ここの沖合では鯨が見えるよ）

潜在性

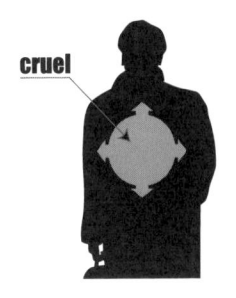

can には「時として（sometimes）～となることがある」という意味で使われることがあります。can をいつも「できる」とだけ考えていると、この使い方がこぼれてしまうんですよ。can はあくまでも潜在性ということなんです。

Snowboarding **can** be dangerous.
（スノーボードは時として危険である）
He **can** be cruel.（彼は冷酷になることがある）

スノーボードには危険性が潜在している、彼には冷酷さが潜在している、ということです。このように考えると次の文の感触も理解できるでしょう。

High cholesterol **can** lead to heart trouble.

いつも心臓疾患につながるわけではありませんが、常にその危険を潜在させている…といったニュアンスが伝わってきたでしょう？

will の「強い傾向」、 can の「潜在」

ここで will と can を比べてみましょう。この違いがわかればかなりの理解度と考えていいでしょう。

Accidents **will** happen.
Accidents **can** happen.

will は「ものだ」という強い傾向をあらわしています。一方 can のほうは「起こる危険性を秘めている」ぐらいの意味です。「起こりえる・時には起こる」ぐらいの強さしかもっていません。あらためて、will の力強さがわかってきますね。

助動詞 ⑥

Other Auxiliary Verbs
(その他)

さて主要な助動詞の説明は終わりました。最後に簡単に他の助動詞類を紹介しましょう。

should

圧力

薄まった must。

You **should** see a doctor.
(医者に診てもらわなくちゃ)

I hear your daughter's getting married—that **should** please you.
(お嬢さんご結婚ですってね—お喜びのことと思います)

must と should には本質的なちがいはありません。ただ、must の強烈な圧力と比べると should はその意味が薄まった感じがあるというわけです。

ought to

should とまったく同じ意味です。must の意味が薄まった言葉と考えていいでしょう。should とのちがいに拘泥した本を散見しますが、実質的なちがいはありません。無視して結構です。

You **ought to** treat your mother better.
(お母さんにもっとよくしてあげないと)
This shelf **ought to** be strong enough to hold these books
(この本をのっけるぐらいなら十分強いはずだよ)

have to

圧力

＋客観性

must とほぼ同じ意味。その感じる圧力の強さはほぼ等価なものです。

She **has to** work overtime.
(残業しなければならない)
She **has to** be crazy.
(おかしくなったにちがいない)

もちろん had to という過去の形ももっているので、過去形をもたない must の代わりとして便利に使える表現です。

I **had to** leave early. (早く出発せねばならなかった)

ただ、非常に微妙なニュアンスのちがいまでを視野に入れると、客観性においてかすかなちがいが感じられます。

You **must** stop smoking because I hate it.
(タバコはやめろよ。イヤなんだよ)

You **have to** stop smoking because this is no-smoking area.
（タバコはやめろよ。ここは禁煙だろ）

must は have to に比べ主観的なニオイがします。自分がこう思うから「〜しなければならないよ」。一方 have to には客観的な感触、つまり「〜しなければならない」に規則や客観的な理由がある場合に好んで使われるのです。

had better / had best

強制的

「したほうがよい」という訳語は誤解を生むかも知れません。had better (best) の「したほうがいい」は、「してもいーけどそれよか...したほーがいいかもなー」などという悠長なものではありません。血をだらだら流している人に「病院いったほうがいいよ」。株が暴落しているときに「売ったほうがいい」。そういった**切迫感のある「したほうがいい」**なのです。ネイティヴはかなり高い圧力を感じているのです。たとえば、

Some students are fighting in Mr. Kelly's class, so you'**d better** go there immediately.（学生がケンカしてるからすぐに行ったほうがいい）

切迫してますね。やばいからすぐにアクションを起こせという意味なのです。そうしなければ悪い結果になるだろう、という気持ちなのです。もう1つ例文。株屋さんが顧客に

You'**d better** sell the IMB stocks today!（今日株を売ったほうがいい）

切迫した感じが伝わってきましたね。

be able to

この表現は can の代用として知られていますね。

*She will can come. （これるでしょう）
（＊印はその文がおかしいことを示す）

助動詞を重ねる表現を英語はとれないのでそのかわり

She 'll **be able to** come.

と使う…と覚えたはずです。それでも結構なんですが、すこし神経質なことを言わせてください。

can は be able to といつでも意味がピッタリ同じわけではありません。過去のときに意味がずれることがあるのです。

The doctors acted really quickly and { **were able to** / *could } save her life.

（医師団の迅速な対応によって彼女は助かった）

この文では could はおかしいのです。なぜだかわかりますか？そう、can のイメージは「潜在」だったでしょう？「やろうと思ったら助けられた」じゃおかしいですよね。**「実際に〜した」場合は be able to が最適**なんですよ。

ただ、これはあまりにも細かく神経質な問題です。ネイティヴだって取り違えることも多いのです。みなさんは「こういったこともあるんだな」という知識としてとりあえず頭に入れておけばいいでしょう。

助動詞

まとめ

　うーん。残念です。この章だけは残念で仕方がありません。
　助動詞は本来爆発的な表現能力をもっているのです。話し手の主観がこもる箇所ですから。非常にさまざまな感情を今まで説明した助動詞であらわすことができるのです。しかし紙数の関係で基本的な意味合いを押さえただけになってしまいました。ごめんなさい。

Chapter 5.
All-Rounders(1)
TO
(to 不定詞)

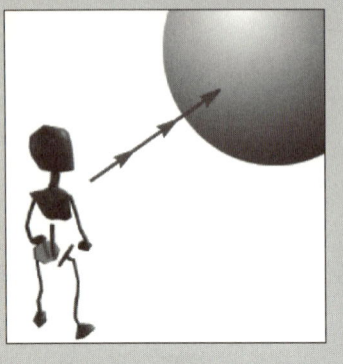

to 不定詞 １

intro
(to は to)

「to 不定詞」と聞いただけでイヤなキモチになる方もたくさんいそうです。私も「なんとか用法」を山ほど覚えさせられて辟易した覚えがあります。でも、イメージさえつかめばこれほど簡単でこれほど使いデのある形もめずらしいんですよ。気楽に読んでくださいね。

POINTS TO LEARN

イメージは前置詞の to と変わらない！

■ オールラウンドプレーヤー

to 不定詞とは次のような 「to+ 動詞原形（動詞の変化しない形）」でしたね。

I went there **to** <u>buy</u> a camera.
　　　　　　　　動詞原形

さてこの形、びっくりするほどのオールラウンドプレーヤーです。あるときは文に付加的な意味を加えたり、またあるとき名詞を修飾する形容詞のような使い方をしたり、さらに文の主語などに使われ「～であること」と、まとまった状況をあらわすこともあります。その理由はさておき、まずはもっとも大切なこと、すなわち to 不定詞のイメージから探っていくことにしましょう。

とはいっても、新しく覚えることは何もありません。**イメージは前置詞の to とかわらない**のですから。**ネイティヴにとって to は to なんですよ。**

■ to のイメージ

前置詞 to の項でも説明してありますが、to のイメージは下で示すように実に単純なものです。左の一番基本的なイメージの他、右の**「LINK（つながり）」**というイメージもよく出てきます。

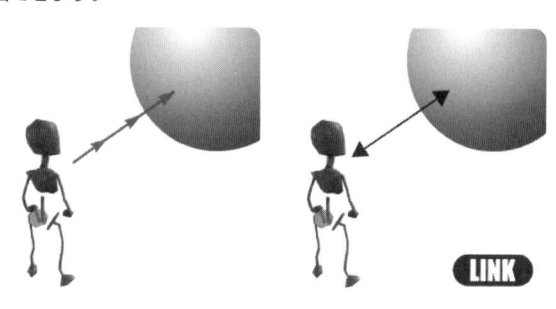

「何かがある方向に向かって接触する」あるいは「つながる」これが to のすべてです。このイメージをよく見ておいてくださいね。

■ ウォーミングアップ

さて、それでは本題に入る前にこの to のイメージを使って先ほどの例文を説明してみましょう。

I went there **to buy a camera**.

これは旧来の文法書では「副詞的用法」とむずかしそうな名前がつけられていますが、ネイティヴのイメージの中では実に単純なことが起こっています。左のイラストをご覧ください。この文は単に「I went there（そこに行った）」という状況と「buy a camera（カメラを買う）」という状況が to によってつながっているだけです。ここから「カメラを買うために」などという目的の意味を了解することができるでしょう。

これではものたりないですか？それでは「形容詞的用法」も見ておきましょうか。

I didn't have time **to call on Tim**.
(ティムのところに行く時間がなかった)

toは単に前の名詞timeと call on Timという状況をつなげているだけ。「行くための時間」ぐらいの意味です。

もう十分ですね。「〜用法」などという機械的丸暗記をする必要はありません。**「いろいろな要素をto以下の状況に結びつけることができる」**。それで十分なのです。

■■■

次のセクションからはいろいろなケースを眺めて、語感を鋭くしていきましょう。ポイントはtoのイメージをしっかりと身につけることだけなんですよ。

to 不定詞 ②

to-不定詞の使い方 (1)
Situation (to) Situation

まずは「状況」を to 以下の状況につなげる使い方を学びましょう。

POINTS TO LEARN

状況を状況につなげる to

| I went there | to | buy a camera |.
　　状況　　　　　　　　　状況

I went there (そこに行った) という状況が buy a camera (カメラを買う) という状況に to を介してつながっています。

さあ、それではいくつかの文を見ながらこのパターンに慣れていくことにしましょう。重要なのは **to の矢印がどのように解釈されうるのかを知ること**だけです。

❶ 目的

I went there **to buy a camera**.
（カメラを買うために）

先程の文です。あらためて、to の基本イメージを元に解釈してみましょう。むずかしくはありませんね。単に左のイメージです。ここから容易に「目的」という意味関係が見えてくるでしょう？　ただここで、**「目的」という日本語を覚えたりしないで**ください。ネイティヴは単に to のイメージを使っているにすぎません。みなさんも同じように「感じれば」いいだけなのです。

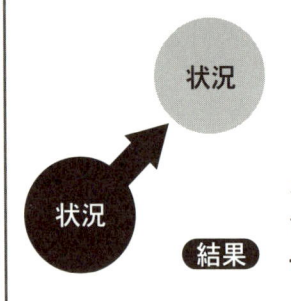

❷ 結果

Your son has grown up **to be a very handsome young man**.
（息子さん、とっても格好良くなりましたねぇ）

今度は矢印のイメージが「結果」と解釈されているにすぎません。「grow up した結果」ってこと。でもやっぱり「結果」なんて覚えないでくださいね。**to のイメージを感じることが重要なのです。**

❸ 原因・根拠

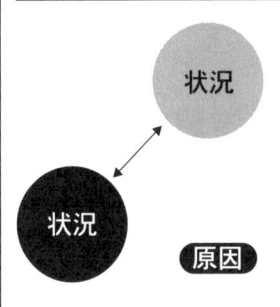

I was shocked **to hear that his mother had passed away**.
(亡くなったと聞いてショックを受けた)

「つながり(LINK)」のイメージがでてきました。まずはこのイメージを簡単に説明しましょう。前置詞 to の例をごらんください。

We danced all night **to** the salsa sounds.
(サルサに合わせて踊った)

この文は、ダンスのリズムが単純にサルサに向かっているというよりもむしろ、両者がつながっている感触があります。ダンスがサルサに向かい、サルサがダンスのリズムを引き起こす...、そういった感触です。

最初の文ではI was shocked という状況が to 以下のhear that... という状況とつながっているにすぎません。同じような例をもう1つあげましょう。

How naive I was **to have expected him to come back to me**!
(戻ってくると思うなんてなんてバカだったんだろう)

How naive I was という慨嘆と to 以下の状況がつながっているにすぎませんね。

これらの「用例」を「原因の to」「根拠の to」と呼ぶ人もいます。しかしこのような用語は無用の長物です。「つながり」と意識すればいいだけです。そしてそれがネイティヴの感覚なのです。

まったくむずかしくありませんね。to のイメージで状況と状況をつなげてあげればいいんです。その関係が具体的に「目的」なのか「結果」なのか「原因」なのかは、文脈が決めることです。大切なのはイメージを感じることだけなんですよ。

to 不定詞 ③

to-不定詞の使い方 (2)
Thing (to) Situation

POINTS TO LEARN

モノに状況をつなげる to

Do you have [something] to drink ?
　　　　　　　モノ　　　　状況

---

　to 不定詞は文全体に意味を加えるだけではありません。名詞の後ろに置き修飾することもできるのです。とはいってもその基本が to のイメージにあることにかわりはありません。**名詞と to 以下の内容が to のイメージを介してつなげられる**のです。説明に際して、「目的」「原因」…などという分類はもうやめにしましょう。みなさんにはイメージのほうがしっくりくるはずですし、ネイティヴにも分類できないことだって多々あるからですよ。大切なのはイメージを感じること、それだけです。

　いくつかのパターンをながめて慣れていくことにしましょう。

まずはつなげて考える

Agassi had the chance **to beat Sampras**, but he didn't take it.
(サンプラスを倒すチャンスがあったのに逸してしまった)
He claimed his right **to remain silent**.
(黙秘権を主張した)

to はその前の名詞を「どういう chance かというとね…」と to 以下につなげているだけです。

さて、意外に簡単だという感じでしょう? それではもう少し複雑なパターン。「前の名詞が後ろの状況の一部として感じられている場合」です。

目的語として

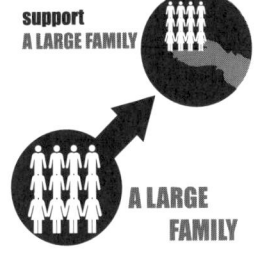

Can I have something **to drink**?
(何か飲み物ある?)
Do you want anything **to drink**?
(何か飲み物ほしい?)

基本は同じです。「どういう something かというとね…」と to 以下につなげています。ただこの文では something が drink の目的語として感じられているところが先の例とはちがいます。イラストを見てみましょう— drink something という状況になっていますね。こうした例はめずらしいことではありません。

My grandparents had a large family **to support**.
(祖父母には養わなければならない大家族があった)

to 不定詞

a large family が support の目的語、つまり support a large family という関係だと感じられているわけです。動詞の目的語に限らず、前置詞の目的語と感じられていることだってありますよ。

　The poor kid has <u>nobody</u> **to play with**.

play with nobody という関係が見えてきましたね。もう１つ。

　I wish I had <u>someone</u> **to care for**.　（大切に思える人がいたらなぁ）

今度は care for someone ってことです。もう慣れてきましたよね？

主語として

次の文を見てみましょう。

　Tom is not <u>a man</u> **to break a promise**.
　（トムは約束をやぶるような男ではない）

この文をよく見ると、a man が break a promise の主語のように感じられていることがわかるでしょう？　もう１ついきましょう。

Helen is not <u>a person</u> **to run away from her responsibilities**.
（ヘレンは責任から逃避するような人間じゃない）

a person が run away の主語 という関係が見えましたね？

疑問詞＋to

to 不定詞はしばしば what to, where to, when to, how to... など、wh-語とコンビで使われます。

I do not know **what to do**.
(何をしていいのかわからない)
I do not know **where to live**.
(どこに住んでいいのか)
I do not know **when to start**..
(いつ始めればいいのか)
I do not know **how to do this**.　(どうやってやればいいのか)

この形には**「これから」感**が色濃く感じられます。「これから何をする」「これからどこに住む」「これからどのようにする」などという具合です。もちろん

I do not know how to play the piano. (ピアノの演奏の仕方)

のように、とくに「これから感」を感じないような例もありますが、ネイティヴの **NO.1 イメージは「(何を、いつ、どこで、どうやって) これから〜する」にある**ということを、頭の片隅においておいてください。

I just crashed my dad's car and I don't know **how to tell him**.
(オヤジの車ぶつけちゃって…どうやって言っていいのかわからないよ)

to 不定詞 ④

to-不定詞の使い方（3）
v + to

もうみなさんは to不定詞の矢印イメージが身についてきましたね。ここは箸休め。to 不定詞は動詞とのコンビでよく使われるのですが…もうこんな形はみなさんの敵ではありませんよ。

さあ、ほとんど説明はいらないはずです。to 不定詞のもつ「状況に向かう」というキモチさえわかればむずかしいことは何もありません。ドンドン例文をあげていきます。

① I want **to go**. （行きたい）

to の基本イメージさえわかっていれば、なんということはありません。to 以下の状況に向かうことを欲しているのです。

② He agreed **to pay for all the damage**. （損害すべてを賠償することに同意した）

to 以下の状況に向かうことを agree したわけ。

③ She decided **to put her house on the market**. （売りに出すことに決めた）

はいはいはい。to 以下の状況に向かうことを決めたわけ。

④ His threats failed **to impress anybody**. （脅迫したけど誰も何とも思わなかった）

to 以下の状況に進めなかった、です。もうあきてしまいましたね。

→ p. 165 about

次は動詞ではありませんが同じ語感。

⑤ We were about **to leave without you**. （君をおいていくところだった）

about は「まわり・近く」という意味です。事態がすぐに to以下の状況に進みそうってことです。熟語でもなんでもありませんよ。

to 不定詞 ⑤

もわっ

to-不定詞の使い方（4）
To-Situations

さて、to不定詞の最後は「こと」と訳される使い方。モノ、つまり名詞として使われるto不定詞です。

POINTS TO LEARN

状況をあらわす to不定詞

I hate to sing at karaoke boxes.
　　　　　　　　状況

■ 訳だけではいけない

「不定詞の名詞的用法は『〜すること』と訳しなさい」と、中学校の英文法で誰もが教わります。でもそれでおしまいなのでしょうか。それでネイティヴが to 不定詞を使うキモチがわかってくるのでしょうか。確か -ing 形も「『〜すること』と訳しなさい」と教わったはずですね。

それではいけません。訳を覚えることとネイティヴのイメージを身につけることは、もうみなさんには釈迦に説法でしょうが、まったくちがうことなのです。ここでは to 不定詞を使うキモチをマスターしてしまいましょう。

■ to 不定詞を使うキモチ

次の文をよく味わって読んでみましょう。

To open the door for a lady is a sign of a true gentleman.
（女性のためにドアを開けるのは真の紳士であることの証左である）

> この to不定詞が主語に来る形は、非常に特殊な形です。かなり堅苦しく、何やら哲学的なことでも話し出しそうな口ぶりです。より普通の文として it... to がありますが、以下の論旨はまったく変わりません。
>
> **It** is a sign of a true gentleman **to open the door for a lady**.

この文にどのようなニュアンスを感じましたか？「何か一般的なことを言っている感じがしてるなぁ」と思えたら、それはネイティヴと同じ感覚です。

実際この形は、ある具体的な出来事について述べる形ではありません。現実感のないあくまで一般論を述べる形なのです。次の文のように、ある種のルール、定義を述べるときにも最適です。

To smoke under the age of 20 is a crime in Japan.
（20才未満でたばこを吸うと日本では犯罪となる）
To smoke is dangerous for your health.
（たばこを吸うと健康を害する）
To control the quality of the products is part of his job.
（製品の品質を管理するのは彼の仕事です）

「20才未満でたばこを吸うこと」「製品の品質を管理すること」、ここに現実に起こっている感触はまったくありませんよね。これが to不定詞の語感なのです。

さてそれではどうしてto不定詞には、このようなニュアンスがまとわりつくのでしょうか。

■ to ＋動詞原形のイメージ

　現実感のないあくまで一般論という感触を知っていただければもう十分なのですが、みなさんの中には「どーしてそんな感触がでてくるんだよ」と理由を知りたい方もいらっしゃるかもしれません。知りたいですか？……うーん。ちょっと話が込み入ってくるんですが、仕方がありません。ちょっとだけ。ややこしいかもしれませんから、気楽に聞いていてくださいね。

　to 不定詞の形を思い出しましょう。

to ＋ 動詞原形

でした。現実感のないあくまで一般論という感触はこの形のもつイメージから来ているのです。順を追って説明しましょう。

❶動詞原形のもつイメージ

　動詞原形は「動詞の変化しない形」ということです。英語は動詞の変化によって時制をあらわすということはすでに説明しましたね。ということは、**動詞原形とは時制がない形**なのです。
　時制は文の内容を時の流れの中に位置づけます。

I **live** in Nagoya.　　　【現在時制】
I **lived** in Nagoya.　　　【過去時制】

　これら「現在」「過去」という時制は、それぞれの文が「現在起こっている出来事（**現在の事実**）」「過去に起こった出来事（**過去の事実**）」であることを示しています。時制は時の流れの中に打ち込まれたくさびです。時制によって文に示された出来事ははじめて**「ある時点で起こった事実」という明確な輪郭**を与えられるのです。

to 不定詞　**143**

時制がない場合その内容は明確な輪郭をもたない(事実としての重みのない)漠然としたイメージにすぎません。このイメージを納得していただくために1つだけ例をごらんに入れましょう。

Q1：命令文はなぜ動詞原形を使うのか？

Be quiet!
Speak to me.

命令文に動詞原形が使われることはよく知られています。それはなぜなのでしょう？その理由は「現在形」では困るからです。命令文は現在起こっている事実を命令するわけではありません。現在キスしている人に向かって「キスしろ」とは命令しませんね。ある**漠然としたイメージを思い浮かべながら**「こーしろ」と命令するわけです。事実をあらわす時制がある形では困ってしまう、というわけなのです。

❷to のイメージと「漠然としたイメージ」のコンビネーション

クリスはこの絵を見て「そーだ。本当にこーゆー雲みたいな感覚なんだよ」っていーます。

さて、もう to 不定詞がもつ感覚がわかってきましたね。左のイラストのような感覚なんですよ。漠然とした、事実ではないモワッとした状況に向かい合っている感覚。この状況は身の回りに起こっているのでしょうか。現実感はあるでしょうか。

「20才未満でたばこを吸うこと」「製品の品質を管理すること」、ある一般的な状況をモワッと想定している

に過ぎません。これが to 不定詞の感覚なんですよ。

　ここで述べた込み入った理屈はすべて忘れてください。そんな「説明」を覚える必要はどこにもありません。ただ左のイラストのイメージだけは忘れないようにしてください。それがネイティヴのイメージなのですから。

■ イメージがわいてきましたね

　それでは最後に次の文を読んでみましょう。

> I like **to jog in the morning**.
> I hate **to sing at karaoke boxes**.

ほらネイティヴの語感が手に取るようにわかるでしょう？「カラオケで歌うこと」「ジョギングすること」単にモワッと思い浮かべているに過ぎないのです。

to 不定詞

まとめ

　おつかれさまでした。一見複雑に見える to 不定詞の各用法、ネイティヴの感覚を掘り下げていけばまったく単純なイメージだったというわけです。これほど単純で豊かだからこそ、ネイティヴは感覚的にそして瞬間的に to 不定詞を使いこなすことが出来るのです。
　途中かなり理屈っぽくなってしまった部分もありましたが、理屈は一回読めば十分です。読んだ後に残った「矢印なんだ」「モワッとしてるんだ」という感覚、それを大切にしてください。

Chapter 6.
All-Rounders(2)
-ING

-ing 1

intro
(薄まったイメージ)

■ もう1人のオールラウンドプレーヤー

-ing という形は to 不定詞と同様オールラウンドプレーヤーです。to 不定詞とほぼ同じ守備範囲をもっています。伝統的な文法では「動名詞」「現在分詞」などと呼ばれていますが、それはすべて忘れてください。-ing は -ing。そのイメージをつかめば十分なことなのです。

■ 「薄められた」進行形イメージ

-ing の基本イメージは「進行形」のイメージです。進行形には次のイメージがありましたね。

→ p. 105
進行形

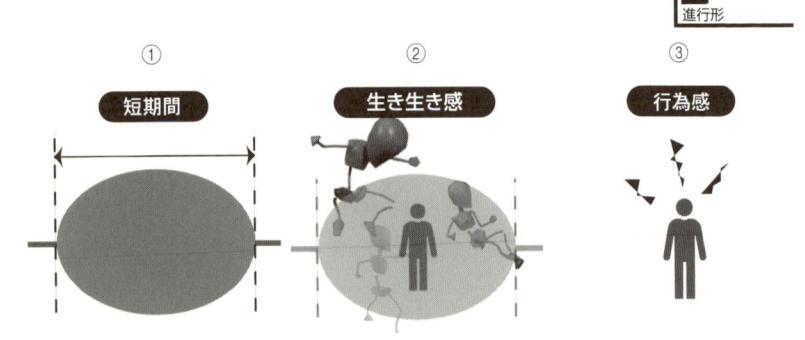

① 短期間　② 生き生き感　③ 行為感

進行形のイメージは①期間が短く②生き生き感があり③行為感がある（その場で起こっている感じがする）、でした。-ing のさまざまなパターンは、基本的にこのイメージを引き継いでいます。ですが、常にこの基本を「完全に」引き継いでいる、というわけではありません。それはちょうど前置詞のすべての使い方が、その基本イメージにとことん忠実に使われるわけではないのと同じことです。

　たとえば in。

a. All the documents are **in** the folder.
　（書類は全部フォルダーの中）
b. She lives **in** England.
　（彼女はイギリスに住んでいる）
c. He's the one **in** the green sweater.
　（緑のセーターの人、あれが彼）

in という前置詞の基本は 3D、つまり立体に囲まれているということですが、それが境界線の内部 (b) や一部しか包まれていない場合 (c) にも「薄められて」使われていますね。

　-ing もまったく同じように、すべての使い方が ① ～ ③ の進行形イメージを満たしているわけではありません。あるときは「ゆるく」使われるのです。ま、具体的な例をながめていけばそれほどむずかしいことではありません。要するに**「進行形のイメージを中心にお気楽に」**、ということなんですから。to 不定詞と同様、いくつかのパターンに分けてお話ししていくことにしましょう。

-ing ②

平行した状況

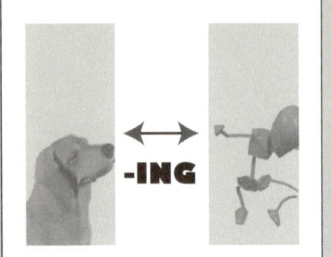

ing の使い方 (1)
Situation (ing) Situation

まずは「状況」をつなげる-ingです。使い方を学びましょう。

POINTS TO LEARN

状況を状況につなげる -ing

The people rushed out of the burning theatre,
状況
screaming and shouting.
状況
（人々が燃えている劇場から叫びながらでてきた）

　大変興味深いことに -ing の守備範囲は、to 不定詞とかなり類似しています。まずは状況と状況を -ing が結び付ける場合。昔から「分詞構文」と呼ばれていますが、そーゆーことばは覚えなくていいですよ。覚えたからといって英語がうまくなるわけではありません。

■ この形のイメージ

Mary, **nodding her head slowly**, reluctantly agreed to all his demands.
(うなずきながら嫌々同意した)

He heard a strange noise and, **turning around slowly**, he saw a huge bear.
(奇妙な音を聞いて振り返ると大きな熊がいた)

この形には進行形の「**生き生き感（その場で起こっている感触）**」が息づいています。Mary reluctantly agreed to all his demands という状況が起こっているその場で、nodding her head という状況が起こっているということです。つまり、**2つの状況が 平行 して起こっている**ということですね。「**同時性**」といってもいいでしょう。

-ing のもつこの「生き生き感」から、この形の文には dramatic effect が生まれます。そう描写が生き生きと勢いをもって感じられるんですよ。次のように when を使ってしまうと、

When he turned around slowly, he saw a huge bear.

上で見られた緊迫感がすべてそぎ落とされてしまいますね。「あーそーですかー」っていうつまらん文になってしまいます。

■ 平行 する2つの状況がかもしだす意味

実はこの形の守備範囲は「同時性」だけではありません。「ので（理由）」などの意味関係をあらわすこともできるのです。

a. **Not knowing what else to do**, he called the police.
   (他にどうしていいかわからず警察を呼んだ)
b. **Seeing that you asked me so politely**, I'll help you.
   (ていねいに頼んでいるようだから、ま、助けてやるか [冗談めかした言い方です])

その秘密は「2つの状況が 平行 して起こっている」にあります。

なんでも結構です。2つのものを並べてみてください。「殺人犯とはさみ」「ジャムを口のまわりにつけた男の子とかじりかけのパン」。私たちはほぼ自動的にこれら2つのものにある種の関係を見いだすでしょう？ ハサミが殺人に使われたわけではなく近くの小学生が偶然落としていたものだったり、男の子がパンを食べたわけではなかったりすれば、少なからず驚くはずです。「大学の教員と女子学生」が同時にフラ

ンス料理屋からでてきたとしたら、世間はそれを許さないはず。たとえ、2人が偶然それぞれ1人で晩ご飯を食べていたとしても、です（私の話ではありません）。

このように（どのようにだ？）2つのものが 平行 して起こっていれば、その間に適当な関係を想起するのが人間なのです。ネイティヴは並べられた2つの状況を考え、適切な意味関係を割り出しているにすぎないのです。

他の文法書には「譲歩（〜は認めるが）」「条件（もし〜すると）」などと他の意味関係も載っているようですが、自然に使える意味関係はほぼここであげた「同時」「理由」に限られます。2つの状況を並べるだけの -ing には「〜だが」「もし〜すると」などといった込み入った意味関係を想起させるのはむずかしいのです。

> ### 進行形では許されない動詞も分詞構文では可能
>
> intro で「薄まったイメージ」のお話をしました。-ing はそのすべての使い方で進行形のイメージをそのまま引き継いでいるわけではありません。この分詞構文は「生き生き感（その場で起こっている）」というイメージを引き継いでいるにすぎないのです。その結果「行為をあらわす」という進行形のキツイ条件はゆるめられ、have, be などの普通の進行形で使えなかった動詞も自由につかえることになります。
>
> **Being** a slave, he had no choice but to obey.
> （奴隷ゆえに従わざるをなかった）
>
> **Having** no car of his own, he borrowed one from a friend.
> （自分の車がなく友人から借りた）

-ing ③

省略

ingの使い方 (2)
Thing (ing) Situation

次は名詞を修飾する使い方。

POINTS TO LEARN

名詞を状況に結びつける

The man | smoking a pipe | is my father.
名詞　　　　状況

■ 省略されている感じ

この使い方は単純です。上の文は下の文と等価に感じられています。

The man who is **smoking a pipe** is my father.
(パイプをすっているのは私の父)

つまりwho is が省略されている感じ。それだけ。

The woman **talking with John** is gorgeous, isn't she?
(ジョンと話してる女の人、いいねぇ)
The kids **playing on the swings** look so happy.
(ブランコで遊んでる子たちはとっても幸せそう)

うーん、いくら例をふやしてもつまんないものはツマンネーな。でもね、次はすごくおもしろいはずですよ。

-ing ④

ingの使い方 (3)
ing-Situations

-ing のあらわす状況は、名詞と同じように使うことができます。

POINTS TO LEARN

状況をあらわす -ing

I hate wearing a suit.
　　　　　　状況

---

to 不定詞と同様 -ing もまとまった「状況」をあらわすことができ、普通の名詞と同じように動詞や前置詞の後に出てきたり、主語として使うことができます。

◆◆◆

本来ならこれで説明を終わりにしていいのですが、みなさんの中には to 不定詞のあらわす「状況」とのちがいが気になってしまう方もいそうです。ただ、そのちがいはかなり微かなニュアンス―ほぼ「ニオイ」のちがいと言ってもいいでしょう。**ノンネイティヴの私たちはこんなことまで苦労して学ぶ必要は本来まったくありません**し、こんなことが書いてある文法書も他にはないでしょう。それでも知りたいとおっしゃるなら、次をお読みください。ただ約束してください。このちがいにあまりに神経質にならないってことを。

■ to不定詞 の状況、-ing の状況

具体的な例文に進む前に復習しておきましょう。to 不定詞の状況は「現実感のない一般的な状況」でしたね。そのため漠然と「〜すること」という意味となり「一般論」「定義」などに使われたのでした。**-ing の状況はまったくちがいます。進行形のもつ「生き生き感（その場で起こっている感じ）」を引きずっているのです。**

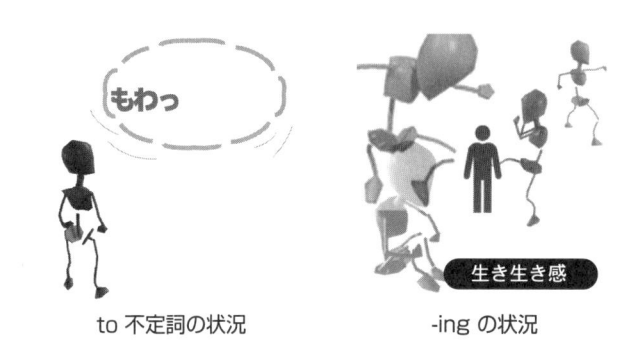

to 不定詞の状況　　　　-ing の状況

-ing のあらわす状況は to 不定詞に比べ、**はるかに濃厚な身の回り感をともなっています**。

このイメージをしっかりと心に留めながら、次の文の意味のちがいを考えてください。

    a. I hate **owning a car**. 　　（車をもつのはイヤだ）
    b. I hate **to own a car**. 　　（車をもつのはイヤだ）

日本語訳は変わりません。でもみなさんならそこにちがいを感じることができるはずです。a の文には**濃厚な身の回り感**が漂っています。ですからこの文は「実際車をもっていて、それがイヤだ」といった状況を想像させます。b にはそんな感じはありません。単に「車をもつこと」という漠然とした状況をモワッと考えているだけなのです。もう1つ。

    a. I like **playing classical music**.
    b. I like **to play classical music**.
    （クラシックを演奏するのが好き）

b は単にクラシック音楽を演奏するという状況を漠然と想像しているにすぎません。a には濃厚な身の回り感、たとえば現在演奏していて「それが好きだぁ」などという状況が感じられます。身の回りに起こっている感じ、その生き生き感を感じとれば、それがネイティヴの語感なのです。

それでは最後。

- a. **Talking in the library** is prohibited.
- b. **To talk in the library** is prohibited.
    （図書館でおしゃべりは禁止です）

a の文は実際しゃべっている人がいて、「禁止ですよ」などと言うときが典型的です。たとえそういった状況でなくとも、今そこに起こっているような臨場性、あたかも目の前に繰り広げられているような生き生き感を感じることができます。b の to talk... はあくまでも観念的です。「しゃべらないこと、それがルールどす」といった漠然とした感じしかありません。

to 不定詞と -ing のあらわす状況のちがいが、いかに微妙なものかが理解できてきたでしょう。それでは最後に前後の文脈つきの例を見ていくことにしましょう。ご自分ならどちらを選ぶのかを考えながらお読みください。

Situation 1

恋人の山田君と道を歩いているとノーヘルのバイクが通り過ぎました。あなたは怒りながらいいます。どちらの文を使いますか？

Don't they know { **driving without a helmet** / ❷ **to drive without a helmet** } is dangerous?

（ノーヘルでバイクに乗るのが危ないってこと知ってるのかしら）

<解説>

実際バイクが通り過ぎたわけです。そういった身近な状況を「～するってことはぁ」と漠然とした形であらわすのはしっくりきませんよね。（「❷」はネイティヴから見てまちがいではないが違和感がある、という印です）

Situation 2

パーティのスピーチでつまらないことを口走ったあなたは、みんなに大笑いされてしまいました。あなたは友人にこぼします。

I can't stand { **being laughed at** / ❷ **to be laughed at** }

(笑われるのは耐えられない)

<解説>

実際に起こった身近な状況があるのですから、やはりここは -ing が適当です。to be laughed at だと、「笑われるということは」という一般論的感触です。

Situation 3

頭がガンガンしている海幸彦君と心配そうに眺めている山幸彦君が話しています。

海：I hate { **having a headache.** / ❷ **to have** } (頭痛いの嫌いだ)

山：Me too. I hate { **to have** / ❷ **having** } a headache.

<解説>

海幸彦は実際に頭が痛いのですから to... などとボケッとしたことを言うわけはありませんね。一方山幸彦君は実際に頭が痛いわけではありません。自然、一般論の to.... の形が適当となるわけです。

それでは最後に思いっきり微妙な例を出しましょう。これはどちらの形でもパーフェクトに自然です。ですがニュアンスが微妙に…。このちがいがつかめたら、みなさんはネイティヴレベルですよ。

Situation 4

よし子は電話で友達のヘレンに最近つき合い始めた男の子のノロケ話をしています。

よ： It's just wonderful { being / to be } with him.

<解説>

being には彼と一緒にいる状況が、そしてそういった状況をうっとりと想像しているよし子本人の気持ちが、生き生きと感じられます。とーぜん Helen の反応は「いいわねぇ、お幸せでぇ」という感じになるでしょう。ところが、to be の方にはそーいった生き生き感はありません。「一緒にいることはすばらしい」となにやら定義をしているような感じです。Helen は「あーそーですか」と反応せざるをえませんね。

◆◆◆

さあ、どうでしたか。いかにイメージが言葉の奥深くまでコントロールしているかがわかるでしょう？もちろんここでの説明をあまり深刻に考えることはありません、所詮は「ニオイ」レベルの話ですし、どちらを選んでもそう実質的に意味が変わらない場合も多いのですから。それぞれのイメージをしっかりと頭に刻みつけておいていただければ結構です。そのタネが英語にふれていくにしたがって、だんだんと育っていくはずです。何度もゆーよーですが、本当に育ってくるんですよ。

◆◆◆

a. 動詞との相性（おまけ）

ずいぶん細かい話までしてしまいました。しかし、ここまでの苦労はムダではありません。**みなさんはこの数ページの説明を読んだだけで、今までにない英語力を身につけているはずなのです。**それを実感していただこうと「おまけ」をご用意しました。

みなさんは受験英語で「enjoy, finishは -ing しか後ろにこない」「want, hope などは to 不定詞しかこない」「remember, try は -ing, の場合と to 不定詞の場合とで意味がかわる、あ、それから stop も」などという不毛な「法則」を覚えませんでしたか？ 中学生の私はこれで試験前に病気になりました。でも、もうそんな「法則」は必要ありません、よね？

① finish, enjoy などが to...を取れない理由

a. I finished **doing my homework**.
b. *I finished **to do my homework**.

b の文を見てみましょう。非常に奇妙に感じませんか？ finish するためにはある具体的出来事が想像されていなければなりません。to... のような「一般的」な状況を「終わらす」ことはできませんね。

a. I enjoyed **playing golf**.
b. *I enjoyed **to play golf**.

これも同じ。具体的状況を想像して、それを enjoy する、というわけです。to play golf などという漠然としたものは「楽しめ」ませんよね。

② want, hope などが -ingを取れない理由

a. *I hope **seeing you soon**.
b. I hope **to see you soon**.

want, hope はどういった意味をもっているでしょうか。**身の回りに起こっているような出来事を want, hope するのでしょうか**。そうではありません。その方向にこれから向かうことを欲したり、望んだりするということでしょう？ ですから to しかだめ。当たり前ですね。

③ remember などが -ing と to... で意味を変える理由

a. I remember **hearing a noise behind** me, and then everything went blank.
（後ろで音がしたことは覚えているんですけど、それから頭の中が真っ白になりました）
b. Remember **to turn the gas off** before you leave.
（出る前にガス切っといて）

remember は「頭に残っている」というイメージです。ある生き生きした状況が頭にあるということは、「以前したことを覚えている」になりますし(a)、to... の「向かう」イメージがくれば「これからするのを忘れない」になりましょう。

a. I tried **pulling it, pushing it, even hitting it** with a hammer, but I still couldn't open it.
（引いたり押したりトンカチでたたいたりしたけど、開かなかった）
b. I tried **to open it** but I couldn't.
（開けようとしたんだけどできなかった）

もう少し微妙なちがいとなりますが、a は「実際にやってみた」ということ。b は「〜してみようとした」です。もちろん -ing は実際の生き生きした状況を想像しています。それを try したわけですから「実際に押したり引いたりした」ことになりますし、to... は「向かう」ように try した、ということになります。

④ stop 〜ing と stop to...

I stopped **smoking**.
I stopped **to smoke**.

finish で説明したように、やっていることをやめるためには、その行為が具体的でなくてはなりません。ですからこの意味では -ing しかとれません。to がついている場合(b)には「やっていることをやめる」という解釈は生まれないのです。ですが、stop には「行為をやめる」以外に「止まる」なんて意味がありましたね。「私は（立ち）止まった」という状況と「タバコを吸う」という状況をつなげる to と解釈されるんですよ。

……このようにすべての動詞をいちいち取り上げて -ing や to... の説明をする必要はもうないでしょう。「この動詞は-ing をとる」などと暗記する必要もありません。**-ing や to... が動詞とともに使われているときには、「ああそういう具合に感じているのだなぁ」と理解すればいいだけ**なのですよ。つまらない法則など暗記しなくても、ネイティヴのキモチが手に取るようにわかる、それがみなさんと私が育てている「ネイティヴの感覚」ということなのです。

　これで -ing のお話はすべて終わりです。おもしろかったですか？

まとめ

　私はことばというものは高度な合理性に基づいているものだと信じています。無数の人間が磨きをかけることによって贅肉がそぎ落とされ無駄が省かれた、壮大で緻密なシステムであると信じています。そうした高度な合理性がなければ、どうしてすべての人間が例外なくこれほど短期間にことばを話せるようになるでしょうか。文法書にすれば数百ページにのぼるような膨大な言語知識を吸収できるでしょうか。

　私はその合理性の中心にイメージがあると考えています。イメージというエンジンが、従来の「文法規則」が太刀打ちできないほど豊かで緻密なことばを支えていると考えています。そしてイメージの大切さに気がつくこと。「to 不定詞も動名詞の-ing も『〜すること』っていう意味さ」の世界から飛び出すこと。イメージとして豊かさをそのまま吸収すること。これが英語を身につける最短距離だと確信しています。

　この -ING の章を読んで、イメージの大切さ・豊かさ・合理性に気がつかれた読者の方が1人でも多からんことを願っています。

Chapter 7.
PREPOSITIONS
(前置詞)

前置詞類 1

intro

　前置詞は日本人にとってかなりハードルの高い文法項目の1つです。
　前置詞を理解するためには、「～のなかで」「～の前」「～の後」などという日本語訳にこだわってはいけません。また「場所」「値段」「時」などといった、いわゆる「用法」を覚えても詮無いことです。
　前置詞を攻略する方法はただ1つだけ。今までの章でみなさんが親しんできた方法、すなわちイメージをつかむということです。ここでは代表的な前置詞のイメージとそのひろがりを、それぞれ解説していきましょう。

前置詞類 2

about

about のイメージは「まわり」。around とほぼ同じ意味です。

Look **about** (around) you.
(まわりを見ろ)

みなさんよくご存じの「〜について」という意味も実はこのイメージなんですよ。

近く・およそ（約）

「まわり」から「近い」「約」というイメージが生まれています。

Are the kids **about**? （近くに子供いる？）
I finish work at **about** 6:30.
(6:30ごろ仕事終わり)

closeness

～について

a book about **dogs**（犬についての本）

　ネイティヴは about dogs から、どんな生活をしているのか、何を食べているかなど、犬にまつわるさまざまな情報をイメージしています。イメージの中では「まわり」ということなのです。

He knows nothing **about** gardening.
（ガーデニング全然知らない）

ガーデニングにまつわるさまざまなことなにも…というニュアンスです。

前置詞類 3

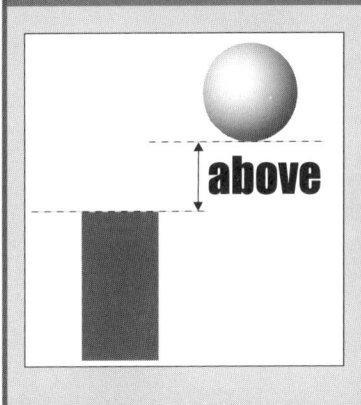

above

above は「上」。高さが上という位置関係をあらわします。

Hold the trophy **above** your head.
(トロフィーを頭の上に)

地位

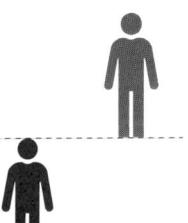

地位はイメージの中では高い・低いであらわされますね。

His position is one **above** mine.
(彼の地位は私の1つ上)

重要度

重要度

This car is a nice colour, good size and, **above all**, it's cheap.
（色もサイズもいいけど、何より値段が安くていいね）

その他さまざまな「上」

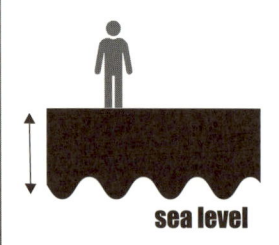

How high **above** sea level are we here?
（ここ海抜どのくらい？）
Profits are **above** average for this month.
（収益は平均以上）

などなど自由に使ってくださいね。

前置詞類 ④

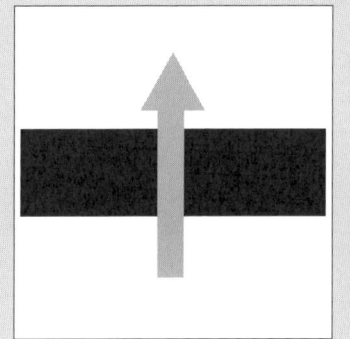

across

cross（十字）を作るような横切る動き、これがイメージ。

We'll have to jump **across**.
（飛び越えねばなるまい）

場所

I've flown across the Pacific lots of times.
（何度も太平洋を飛んだよ）

という「動き」から

The nearest gas station is just across the street.
（通りのすぐ向かいにある）

のように単なる場所を示すことだってできます。

端から端まで

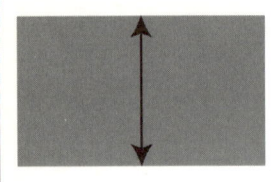

across には

five meters **across** (幅5M)

と「幅」をあらわす使い方があります。次の使い方も自然ですね。

I spent 3 months travelling **across** India.
（3カ月かけてインド横断旅行をした）

やっぱり「横切る」感覚が生きているんですよ。

抽象的な「横切る」

どの前置詞もその守備範囲は、「場所」「時間」など単純なものから抽象的な使い方にまで広がっています。でも心配することはありません。「抽象的な使い方」といっても、あくまでもその前置詞のもつ基本イメージの延長線上にあるからです。across の基本イメージさえつかんでいれば、次のような文もすぐにイメージできるはずですよ。

How did he come **across** in the interview?
（どんな印象？）

前置詞類 ⑤

after

follow

after のイメージは「あと」ではありません。**follow**（あとに続く）というキモチ、これが大切です。

He's forgotten his keys—run **after** him!（カギ忘れた…追っかけろ！）

follow してますね。

時間的な follow

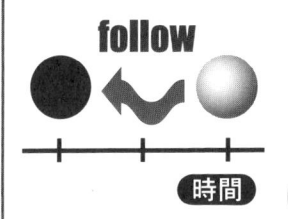

Let's go for coffee **after** the movie.
（映画のあとコーヒー飲みに行こう）
What are you doing **after** class.
（授業のあと何するの？）

movie, class に follow してというカンジ。次は日本人特有のまちがい。

*See you **after** 20 minutes!
（20分後に会いましょう）

after を「あと」と考えているために起こる典型的なまちがいです。「20分」という時間に follow することはできません。after は使えないんです。もちろん正解は

See you **in** 20 minutes!

です。気をつけてくださいね。

前置詞 **171**

順番が follow

After you! （お先にどうぞ）
I'll take a shower **after** you.
（君のあとシャワーを使うよ）

after は順番をあらわすときによく使われます。そう、follow するという感覚からです。

前置詞類 ⑥

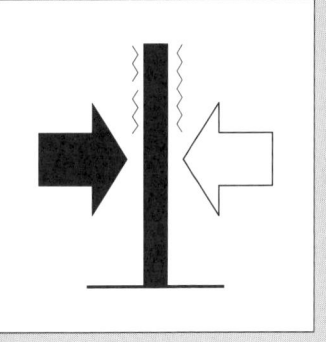

against

againstの訳は「対して」ですが、押す力と押し返す力がぐりぐりせめぎ合っている感触をイメージしてください。

Don't lean **against** that screen—it's not very strong.
(もたれるなよ。そんなに丈夫じゃないから)

反抗・対抗・抵抗

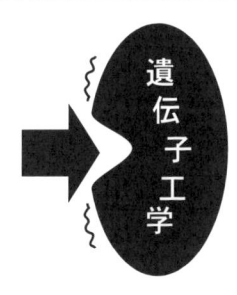

We're **against** any form of genetic engineering.
(どのような形であれ遺伝子工学には反対)

力がググッと加わるところから自然に出てくる使い方ですね。

備える

危険や有害なものに against することもできます。「対抗する」から「備える」がでてきているんです。

You'll need insurance **against** sickness and theft.
（病気と盗難のための保険が必要）

前置詞類 7

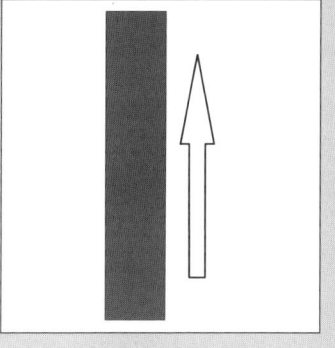

along

「細長いモノ」これが along のイメージです。道とか、線とか、川とか……。そこに沿った動き/位置です。

I love jogging **along** the lakeside.
(湖岸をジョギングするのが好き)
The post-office is just **along** this street.
(郵便局はこの通り沿い)

Come along !

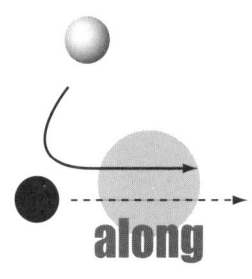

Come on. (おいで)と区別してください。Come on. は「接触」つまりこっちに来てペトッとしろよ、ってこと。　p. 194 on

Come along. はこっちに来て一緒にどこかへ行こう、です。along のイメージが生きていますね。

前置詞類 8

among

それぞれが明確でない

amongは「間」と訳されることも多いのですが、イメージは左のようなカンジ。

It's difficult to find her among all these people.
（こんな人混みじゃ見つけられない）

次にやはり「間」と訳される between のイメージも押さえておきましょう。

前置詞類 9

between

明確

同じ「間」でもずいぶん違うことがわかりますね。それぞれが明確に意識されている、というところがポイント。

You stand **between** Bill and Ken for the photo.
（ビルとケンの間に立って。写真とるから）

「between は 2 つのものの間、among は 3 つ以上」とよく言われますが、それはちがいます。

Share this equally **between** the 4 of you.
（4 人で平等に分けなさい）

大切なのはあくまで「それぞれを明確に意識しているかどうか」ですよ。

前置詞類 10

at

「点」。これ以上でも以下でもありません。もっとも単純なイメージの前置詞です。イメージの中で**点とみなせるものすべて**に使えます。たとえば…。

【地点】Let's meet **at** Shinjuku station.（新宿駅で会いましょう）
【時点】I usually get to school **at** 8:30．（8:30に学校に着く）
【価格】These CDs are being sold **at** only ¥500 each.（1つ500円で）
【 歳 】You shouldn't be skiing **at** your age!　（君の歳でスキーはダメ）

あくまでも「点」

at は非常に頻繁に用いられる前置詞ですが、どのような使い方であってもイメージの上では「点」なのです。たとえば、

1. look at
ある点めがけて、視線を送っているイメージです。

2. John is good at tennis.
これも「点」。tennis という「点」では good… という気持ち。受験英語で有名な **not…at all**（まったく〜でない）も、「すべての点において」というイメージからこの意味になっているのです。

大切なのはいつでもイメージなんですよ。

前置詞類 11

before

...stood before me.

「~の前」です。これだけなんですが、注意が1つ。before は時間や順番の「前」に使われるのが自然で、場所には普通使われません。

*She stood **before** me, blocking my way.
(前に立って行く道を遮った)

もちろん場所の「前」には **in front of** が普通ですね。

時間的「前」

Brush your teeth **before** going to bed.
(寝る前にハミガキ！)

時間

順番

Business **before** pleasure.（楽しみより仕事）

重要性の順です。次も同じ。

He puts himself **before** anybody else.
（いつでも自分のことばっかり）

もし「場所」に使われたら...

before は普通場所には使われません。ですが、例外もあるのです。そのようなbeforeはかなり特殊なニュアンスを生み出します。

He made the rabbit disappear **before** our very eyes.

（我々の目の前でウサギを消してみせた）

The final was played **before** a crowd of 50,000.
（決勝戦は 50,000 人の観衆の前で行われた）

場所に使われると before はドラマチックな感じ－「あぁ」とか「おぉ」とかため息がもれるような－を引き起こします。めったに使われないためにこのような特殊なニュアンスがまとわりつくんですよ。

前置詞類 12

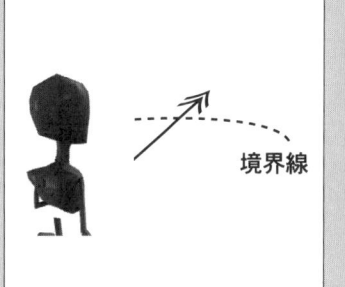

beyond

境界線

イメージは「向こう側」。ある範囲（境界線）をこえてってこと。

My village is **beyond** those mountains.
（私の村はあの山の向こうにある）

beyond comprehension/belief/description

beyond を使ったこれらの言い回しは、すべて「範囲をこえている」がわかれば容易に理解することができます。

His reaction was **beyond comprehension**.
（彼のリアクションは理解できない）

beyond belief（信じられない）, **beyond description**（筆舌に尽くしがたい）も同じことですね。

前置詞類 13

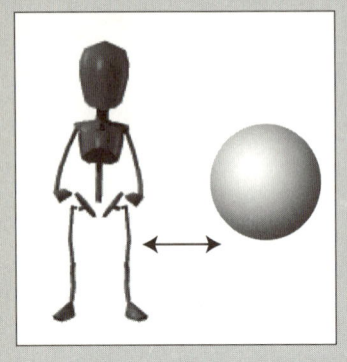

by

「そば」。意外なことですが、これが by のイメージ。

I think his house is **by** the Red Lion pub.
(彼の家はパブの近くだと思うよ)

ね。これがわかると、どうして **near by**（近く）では、near と一緒に使われるのかがわかってきますね。

HOW（どのようにして：手段、方法）

ちょっとむずかしいイメージがこれ。ある目標を達成するのに「身近なもの」ということで、by に**「手段」「方法」のニュアンス**が生まれてきます。

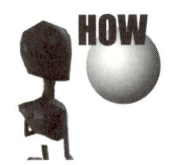

It's faster **by** the express-way.
(高速道路のほうが速い)
I can tell he's lying **by** the look on his face.
(表情でうそをついていることがわかる)

「高速道路」「表情」という**手段**によって、ということ。みなさんなら **by car (bus, train, phone...)**（車で、バスで、電車で、電話で）などもご存じでしょう？

受動態にでてくる by

受動態にでてくるおなじみの by も、元をただせば「そば」の by なんですよ。

She was bitten **by** a dog.
(犬に噛まれた)

ほらイメージの中では、dog が「そば」にいてその出来事を引き起こしているでしょう？

まで

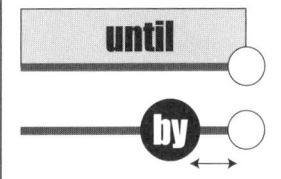

till [until] と比較されて、よく話題になる使い方。

You can stay out **until** midnight.
(12時まで外出していいよ)

Make sure you're back **by** midnight.
(12時には戻りなさい)

till はその時点まである状態がずっと続くことを想起させます。上の文は「ずっと外出」ということになります。それに対して、**by はある出来事が「期限」までに起こる**ことを示しています。もちろんこの意味は by の「そば」というイメージからでています。日本語でも「3時までにやります」というとき、その出来事は3時**近くに**起こるように思えますよね。それと同じ語感なんです。

前置詞類 14

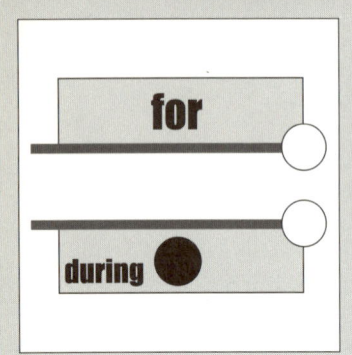

during

「〜の間」という訳で、for とまぎらわしいのが during。

for との使い分けは by と till (until) の使い分けと似ています。つまり同じ「期間を問題にしていても、その期間内に「ある出来事が起こる」のと「ある状況がずっと続く」のちがいがあるのです。

次の文を見てみましょう。(＊印はその文がおかしいことを示す)

We played golf **during** the summer vacation. （夏休みゴルフをやった）
＊We played golf **during** 4 hours. （4時間ゴルフをやった）

during は「出来事が起こった」であって、「その期間ずっと」ではないのです。for はまったく逆です。

＊We played golf **for** the summer vacation. （夏休みゴルフをやった）
We played golf **for** 4 hours. （4時間ゴルフをやった）

この点にさえ気をつければ during は大丈夫！

前置詞類 15

for

「向かって」がイメージ。ここからいろいろな使い方が広がっています。非常に大きなイメージファミリーを生み出す手強い前置詞です。

She's left **for** Hong Kong.
(香港に向けて出発した。)

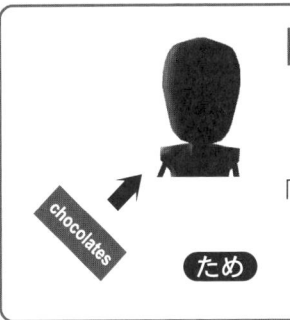

～のため、～にとって

Are these chocolates **for** me?!
(このチョコ私に？)

「私に向けて」ということ。楽勝ですね。

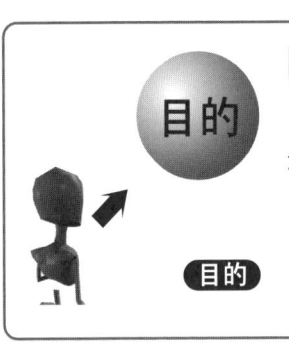

目的

何かに向かう、というイメージは**「目的」**にひろがります。

What's this (thing) for? —It's for crushing garlic.
(これ何？ ガーリックつぶすヤツ)

求めて

何かを求めるときにも、そちらのほうを向きますね。非常によく使われるイメージで、みなさんよくご存じの熟語の多くはこの使い方です。

I'm looking **for** a new flat.
(新しいアパート探してる)

「求めて（for）」目をやっている（look）ということです。**search for**（探す）、**wait for**（待つ）、**long for**（切望する）…など非常にたくさんのフレーズがこの仲間。

賛成・指示

何かに「背を向ける」のは反対を意味しますね。逆に何かに「向かう」と…

Everybody is **for** the plan.
(誰もがそのプランに賛成)

原因・理由

原因・理由もこの for であらわすことができます。原因・理由がある状況に「向かう」からです。

I didn't marry her **for** many reasons.
(たくさんの理由から結婚しなかった)

範囲

この使い方は想像力が必要ですよ。左のイラストを見てください。光の当たっているところを向いていますね。このイメージは「どこに向いているのか（どこに注目しているのか）」という**「範囲限定」**につながっていきます。

He's short **for** a basketball player.

単に背が低いと言っているわけではありません。for a basketball player（バスケット選手としては）と範囲を限定しているんです。

I'm responsible **for** human resources.

単に「責任がある」のではありませんね。そう human resources（人事）に関しては、と範囲を限定しているんですよ。

この使い方が分かれば、中学校の英語で習った「現在完了の継続用法で使われる『期間』をあらわす for」もわかるでしょう？ 別に現在完了だけに使われる特殊な使い方ではないんですよ。

p. 93 現在完了

We've known each other **for** ten years. （10年前から知り合い）

ほら10年という範囲を限定しているだけですよね。

「向かう」という単純なイメージが生み出す、非常にさまざまな使い方、いかがでしたか？ 今まで別々のものとして理解してきた for のさまざまな「用法」が1つのまとまりをもって感じられたのではないでしょうか。それがイメージの力というものなんですよ。

前置詞類 16

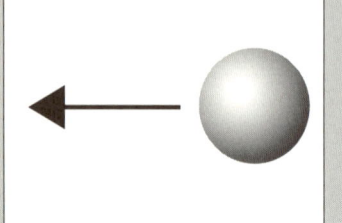

from

「起点（出発点）」から出発する・離れていくという動き。これがイメージ。

People come **from** all over to eat at this restaurant.
（あらゆるところからこのレストランにくる：場所の起点）

I studied **from** 6 pm until midnight.（6時から12時：時間の起点）

いろいろな「起点」

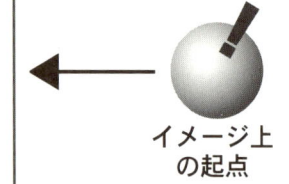

イメージ上の起点

上のような典型的な「起点」の他、「原料」「原因」「根拠」など**イメージの上で「起点」ととらえることができるさまざまな内容をあらわす**ことができます。ま、よーするにイメージさえ「起点（出発点）」なら、お気軽にドンドン、ということですよ。

Whiskey is made **from** malt. 【原料】
（ウイスキーはモルトから作られる）

Thousands of smokers die **from** lung cancer. 【原因】
（何千人の喫煙者が肺ガンで死ぬ）

From what I heard on the radio, the Labour Party has won the election.
（ニュースで聞いたところによると労働党が勝ったようだね） 【根拠】

分離・区別

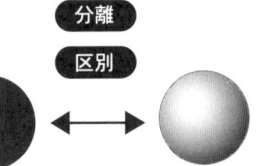

出発点から離れていく動きのイメージは、「分離」「区別」などに広がります。

分離
区別

You spend too much time away **from** the office.
(あまりにフラフラしすぎ)

Can you tell a fake Prada bag **from** a genuine one?
(偽物のプラダのバッグを本物と区別できる?)

前置詞類 17

in

イメージは**3D**。立体的に包まれている感じを想像してください。in Japan などある境界線に囲まれているだけの場合にももちろん使うことができますが、それはこの「囲まれ感」の延長にあるんですよ。

They're **in** the kitchen.
（キッチンにいるよ）

一部でもだいじょうぶ

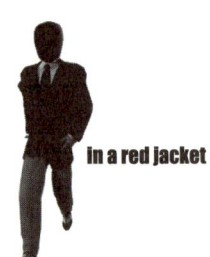

in a red jacket

in は完全にその中に含まれていなくても大丈夫。

My dad's the one **in** the policeman's uniform.
（警官の制服の人）

in a red jacket（赤のジャケットを着てる）なんて聞いたことあるでしょう？

フォーメーション

They were all seated **in** a circle. （みんな輪になって座った）

図のような語感です。**in line** （一列になって）なども耳にしたことありますね。

いろいろ

in は「内部にある」という感覚なら、抽象的なモノにだって自由に使っていいんですよ。

Have you ever been **in** love?
（恋したことある？）

in trouble（困っている）、in this situation（この状況で）、などなど豊かに使ってくださいね。

～後

5分後

After 5 minutes! ?

after の項でも説明しましたが、まちがいが集中する箇所なのでもう1度。「5分後に行くよ」と言ってみてください。

*I'll be there **after** 5 minutes.

はもちろんまちがいです。after は follow。「5分という時間に follow して」なんて意味をなしません。こういった場合は in でしたね。

I'll be there **in** 5 minutes.

これで正解です。もう1つ例を出しましょう。

She'll complete her training **in** 2 years.
（2年後にトレーニングを終える）

前置詞類 18

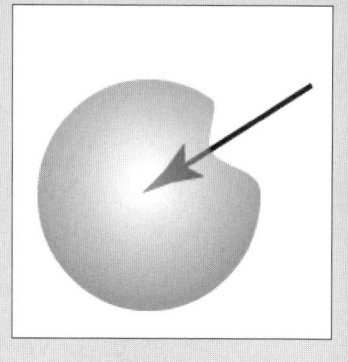

into

「内部に入る」イメージ。in + to ですからね。

Get **into** the car.（車にのりこめ）

変化

「別の状態に入る」というキモチで、「変化」の意味もあらわすことができます。

Cinderella's carriage turned **into** a pumpkin.
(馬車はカボチャになった)

I hope my son grows **into** a fine young man like you.
(息子が君のようないい青年になったらと思うよ)

grow して変化するということですね。

前置詞類 19

on

「接触」が基本。上でも下でも横でもくっついていれば、それは on。ま、一番典型的なのは「上」にのっている場合ですけどね。

Your lighter is **on** the TV.
(君のライター、テレビの上だよ)

くっついている

次のような文でも on が使えることを確認してください。いろいろ使えるんですよ、くっついてさえいれば。

I have disc brakes **on** my car.
(車にディスクブレーキがついてる)
There's a lizard **on** the ceiling!
(トカゲが天井に)

次もある種の「接触」ですね。

I've only got ¥1,000 **on** me.（1,000円しかもってない）

carry（持ち運ぶ）してるということです。

線

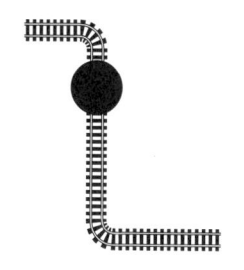

イラストのように線が問題となっているときにも使えるのが on。くっついてるでしょ？ 「線」ですから in も at も使えません。「接触の on」しか使えない、というわけ。

Which line is Kasumigaseki **on**?
（何線沿いにあるの？）

支え

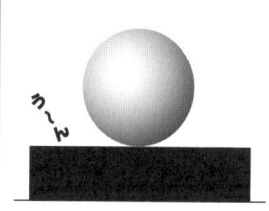

on のイメージをじっくり見てみましょう。下が上の物体を「支えている」感じがしませんか？

I washed the floor **on** all fours.
（四つん這いになって床を掃除した）

手足が彼を支えているんですよ。その他にも **on one's knees**（ひざまずいて）、**depend (count , rely) on...**（～に頼る）、**is based on ...**（～に基づく）など、この使い方はかなり多いんですよ。次の文もこのイメージの延長線上にあります。

This car runs **on** unleaded petrol.（この車は無鉛ガソリンで走る）
He lives **on** his pension.　（年金で生活している）

runs という行為が petrol の「支え」で、life が pensionに「支え」られて、という意識です。

前置詞

活動中

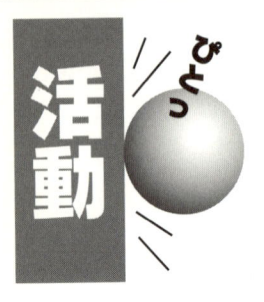

ある活動に「くっつく」ということから「活動中」という意味にも広がっています。**on fire**（火事）、**on sale**（売り出し中）などの他、

The central heating is **on**.

のように「機械が作動中」なんて使い方だってできますよ。**turn the heater [light] on**（つける）もご存じですね？

on はまた、ある活動を「続ける」という意味にもなります。「活動にくっついたまま」だからです。

Carry **on**.
（続けろよ）
My history teacher went **on and on** about Napoleon.
（ずっと話し続けた）

on は私たちが考えるよりはるかに頻度の高い前置詞です。ここではそのニュアンスすべてを説明し尽くしたとは到底いえません。興味のある方は、巻末の **Recommended Reading** をごらんください。そこにあげられた本を本屋で立ち読みでもしてください。買ってくれると、とってもうれしいんですが。

前置詞類 20

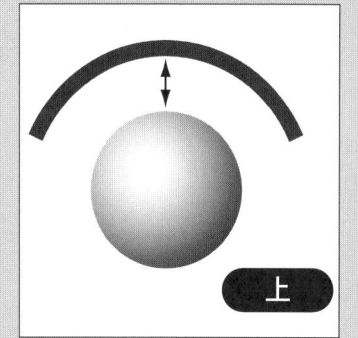

over

over は左の単純なイメージ。こいつがさまざまなイメージを生みだします。

I hung your painting **over** our bed.
(君の絵ベッドの上にかけたよ)

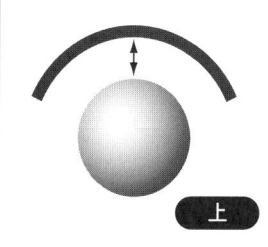

上

これはすぐに思いつくイメージ。

I can't believe she's **over** 30.
(30過ぎなんて信じられない)

覆う

イメージをジッと眺めると下の物体を「覆って」いるように思いませんか？

Put sheets **over** all the furniture.
（家具全部にシーツをかけろ）

終わる

何かの活動を「乗り越える」ところから、このイメージが生まれます。

The party's **over**. （パーティは終わり）

倒れる

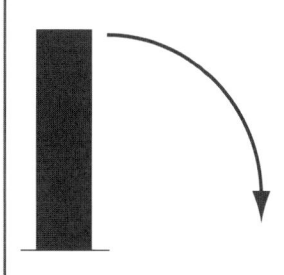

基本のイメージの半分の動き。これも over の領分。

Hundreds of trees fell **over** in the storm.
(何百もの木々が嵐で倒れた)

回転

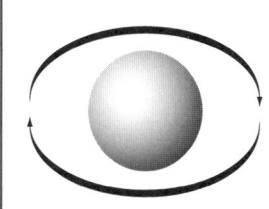

基本イメージの倍の動き。

Roll **over** on to your stomach.
(ごろっと腹這いになって)

talk [think, look] over（よく話合う［考える，調べる］などにもこの語感。「あらゆる角度から」というぐるっと360度のニュアンスです。

前置詞類 21

through

トンネル状のものを潜り抜けるイメージ。

I'm always nervous when I go **through** Customs.
（税関通るときはナーバスになる）

通り抜ける

具体的な例ばかりではありません！

He fell **through** the roof!
（屋根を破って落ちた）

このような具体的な「通り抜け」から、

I'm **through** with drinking.（飲み終わった）

など抽象的な使い方もできますよ。次もイメージの中では「通り抜け」でしょう。

(通り抜ける)

I met my wife **through** a go-between.
（仲人を通じて会った）

端から端まで

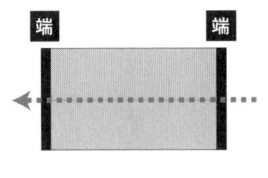

基本となるイメージからこんなものもでてきます。

Look **through** all these files. （隈無く探せ）

のように、場所的な「端から端まで」にも使えますし、

Our office is open Monday **through** Friday.
（月から金までずっと開いてます）

のように時間にも使えます。

前置詞類 22

to

for と似ていますが、for が単にある方向に「向いている」だけなのに対して、to は到達、接触までを意味に含みます。**ある方向に進み接触する**、これが to のイメージなのです。

I went **to** the park.
到達していますよね？

まずは普通の使い方

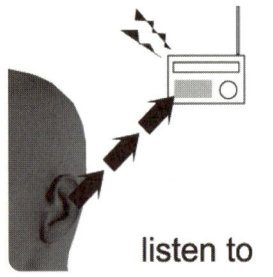

Listen **to** me carefully.

listenはジッと耳を傾けるということ。音源に向かいそしてつながっている感触があります。for と比べてみましょう。

Shh..., I'm listening **for** the soccer results.

listen for は「耳をそばだてている」です。実際にはまだ聞こえてません。そちらの方に耳を向けている（for）だけのことです。

to の接触感をもう少し説明しましょう。

I stumbled **to** the door. （ドアにつまずいた）

足がドアに向かって…方向と接触がミックスされた感じが伝わりますね。

距離がなくてもだいじょうぶ

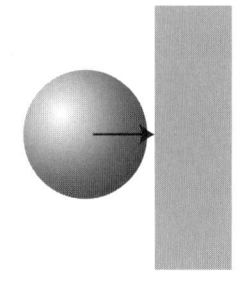

「〜へ」と訳すとなにやら遠大なカンジがしてきますが、距離は重要ではありません。方向と接触のニュアンスさえ嗅ぎとれることができればいいんです。

Apply this ointment **to** the burnt skin.
（火傷にこの軟膏ぬっとけよ）

Attach this Kitty-chan strap **to** your mobile phone.
（ストラップつけとけよ）

つながり

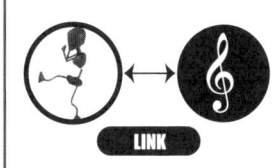

They danced all night **to** the sounds of the salsa band.
（サルサバンドの演奏に合わせて一晩中踊った）

「ある方向に進み接触する」という to の基本イメージから、すぐに飛び出すのがこの「**つながり (link)**」のイメージ。実に自然なイメージのつながりですね？ 上の例文はダンスの音と彼らのダンスが「つながって」いるということなんですよ。他にも、

Umeboshi is not **to** my liking. （好きじゃない：「好み」とのつながり）

Bush appeared **to** a rapturous welcome.
（熱狂的な歓迎とともに現れた：時間的つながり）

To my surprise, she agreed to marry me.
（驚いたことに彼女は結婚に同意した：感情的なつながり）

など、「つながり」の to はよくでてくるんですよ。

前置詞類 23

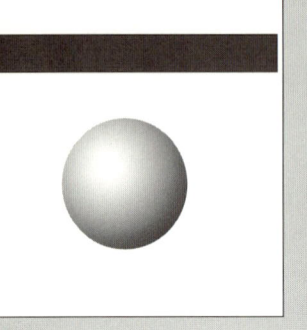

under

「下」。何もむずかしくはありません。

They're kissing **under** the mistletoe!
(ミッソルトの下でキスしてる)

さまざまな「下」

「下」は日本語でもさまざまな使い方をしますが英語も同じ。

Tickets are cheaper if you're **under** 26.
(26才未満なら安くなる)

次も日本語の「下（もと）」と同じ感覚。

He's still in hospital **under** intensive care.
(集中治療している：「もとにある」という感覚)

Grozny is **under** attack.
(攻撃されている：「もとにある」という感覚)

プロセス

完成レベル

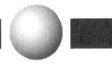

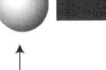

プロセス

underでむずかしいのは唯一、この「プロセス」の使い方のみ。完成レベルの「下」というイメージから「完成していない」「途中」などの意味が生まれています。

A change of rules is still **under** consideration.
（ルール変更考慮中）

under construction（工事中）、under discussion（議論している途中）などよくみられる表現ですよ。

前置詞類 24

with

「つながり」これがイメージ。
さまざまなつながりのありように慣れてください。

場所のつながり

「いっしょ」ということ。

Will you play **with** me?（いっしょに遊んで）

次の様な表現にも慣れてくださいね。

a house **with** bay windows （出窓のある家）
a girl **with** big blue eyes （青い目をした少女）

場所

道具

道具を使うときはそれを手に持ったりしていなければなりません。ですから「(場所の)つながり」をあらわす with が使われるというわけ。

I opened it **with** my penknife.
（ペンナイフで開けた）

道具

時のつながり（同時性）

時間的なつながりも with の得意分野。

He left the stage **with** his whole body trembling.
（震えながらステージを降りた）

同時性

ほら left the stage という出来事と his whole body trembling という出来事が「同時に」起こっているでしょう？「時のつながり」さえおさえれば

This red wine will improve **with** age.
（この赤は年とともによくなってくるだろう）

なんて簡単に使えますよね。

因果関係のつながり

原因・結果の関係も with であらわすことができます。「つながり」ですからね。

My wife's in bed **with** a bad cold.
（悪い風邪で寝ています）

因果関係

前置詞類 25

within

「〜の中」ですが、明確に境界を限るイメージ。時間でも場所でも抽象的なものでも、イメージが合えばドンドン使ってください。

場所

I now live **within** easy reach of the station.
(駅から近いところに住んでいる)

時間

He will be back **within** one hour.
(1時間以内に戻るよ)

抽象的なもの

I agree, as long as it's **within** the law.
(法律の範囲内であるなら、同意します)

前置詞類 26

without

もちろん with の逆。with と比べてみましょう

場所のつながりの逆

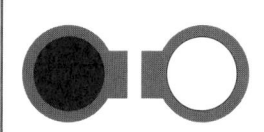

{ I went shopping **with** my husband.
{ I went shopping **without** my husband.
（主人を伴わず）

{ I like people **with** a sense of humour.
{ I don't like people **without** a sense of humour.
（ユーモアのセンスのない人）

道具の逆（使わない）

{ He fixed it **with** a wrench. （レンチで直した）
{ I can't fix this **without** a wrench. （レンチがなけりゃだめだよ）

時のつながりの逆

I watched the movie **with** tears streaming down my cheeks.（涙を流しながら）
I watched the movie **without** shedding a tear.（涙を流さず）

いっしょに起こってない

あとがき

　ふぅ。やっと終わりました。いかがでしたでしょうか。英語にたいする感触がずいぶんと変わってきたのではないでしょうか。

　英語は規則でガチガチになっているわけではありません。ネイティヴは山のように「文法規則」を知っているわけではないのです。日本語と同じように英語にも血が通っていることがわかっていただけたことと思います。

　それが出発点です。英語にたいする見方が変わった今、みなさんは本当の意味でのスタートラインに立ったのです。新しいキモチで英語に取り組んでください。ここで学んださまざまなイメージがみなさんのこれからの英語を育てていくことでしょう。

　最後になりましたが、折にふれ貴重なご意見をいただいている筑波大学教授中右実氏（本書例文中 shot the bird/ shot at the bird の意味のちがいは氏の講義内容を参考にさせていただきました。無断で）、本書の出版にご尽力いただいた長尾和夫氏、NOVA出版局安井浩氏に深く感謝いたします。

■RECOMMENDED READING

　本書は日本人にとってむずかしい英文法のポイントに絞って解説しました。残念ながら紙数の都合で解説できなかった点も数多くあります。本書の内容を気に入っていただけた方は是非以下のものを参考にしてください。楽しいですよ。

1. ネイティブスピーカーの英文法（研究社出版）
2. ネイティブスピーカーの英会話（研究社出版）
3. ネイティブスピーカーの前置詞（研究社出版）
4. ネイティブスピーカーの英語感覚（研究社出版）
5. ネイティブスピーカーの単語力Ⅰ基本動詞（研究社出版）
6. ネイティブスピーカーの単語力Ⅱ動詞トップギア（研究社出版）
7. いつのまにか身につくイメージ英語革命（講談社）

■e-Academy
http://www1.neweb.ne.jp/wb/e-academy/

　われわれ著者が運営するホームページです。是非ご参加ください。ご意見、ご質問なども受けつけています。

身によくつく英会話
NOVAの本
NOVA BOOKS

失礼な英語と感じのいい英語

好感をもたれる英会話表現100

- ●定価：本体1,600円＋税
- ●ISBN4-931386-71-7 C0082

ネイティヴと話すときに、そんなつもりではないのに失礼に聞こえたり、きつい言い方になってしまいがちな事例を、海外旅行やビジネスなどの場面を想定して100例収録しています。同じことを言うのにより感じよく伝わる表現や、相手に注意を促すなどのむずかしい状況でうまく意思疎通を図るためのコツも豊富に盛り込んでいます。相手に好印象を与え、スムーズな人間関係を保つための英会話表現を身につけるのに最適の一冊です。

●失礼な言い方をしてしまいがちな状況を具体的に設定

一般会話編とビジネス会話編に分けて、より細かく場面や状況を設定しています。

●失敗例だけでなく成功例も掲載

相手の気分を害してしまった失敗例を挙げ、どの表現に問題があったのかを解説するとともに、どのような言い方をすればうまくいくのかも説明しています。

●約300のキーワードを紹介

インフォーマルだけど失礼にならない言い回しなど約300の表現を紹介、場面に応じた英語らしい言い方をするのに役立ちます。

身によくつく英会話
NOVAの本
NOVA BOOKS

実力が伝わる英文履歴書の書き方

構成からアピールのコツまでわかる10 Steps

- ●定価：本体1,600円+税
- ●ISBN4-931386-66-0 C0082

英文履歴書の書き方や構成のしかたを、基礎的な知識から実践的なレベルまで、豊富な例と解説で段階的に指導。自分の能力や資質、経験をアピールし、採用担当者の心を惹きつける履歴書を迷わずまとめることができます。新卒者から転職者、再就職者など立場の違いに関わらず、海外企業に職を求める人に役立ちます。

●初めての人でも迷わず書き上げられる！

「英文履歴書」の役割や考え方から、具体的書き方を1～10のStepにそって解説。初めての人でも迷わず書き上げられるワークブック形式になっています。

●単語集の中から自分に合った表現を見つけだすことができる

履歴書にふさわしい単語（Action Word）や表現テクニックを集めた「Tools for Resume Builder」を参考にすると、自分に合った英語表現を見つけだすことができます。

●独自のスタイルでキャリアをアピールできる

希望職種に対して、自分自身の経験からアピールできる点を引き出し、アピールの仕方、紙面の構成、見せ方などを導くので、自分だけの英文履歴書を書き上げることができます。

ネイティヴの感覚がわかる英文法

The Way English Works

2001年3月26日　第1刷発行
2005年9月20日　第8刷発行

著　者　大西　泰斗　　*Hiroto Onishi*
　　　　ポール・マクベイ　　*Paul Chris McVay*

発行者　猿橋　望　*Nozomu Sahashi*

発行所　株式会社NOVA
　　　　編集部　〒542-0086　大阪市中央区西心斎橋2-3-2
　　　　　　　　TEL 06-6213-2450　FAX 06-6213-4344
　　　　営業部　〒163-0823　東京都新宿区西新宿2-4-1　新宿NSビル23F
　　　　　　　　TEL 03-6688-6363　FAX 03-6688-6464

編　集　安井　浩　*Hiroshi Yasui*

イラスト　山根　到　*Itaru Yamane*

デザイン　株式会社 クリエーターズ・ユニオン

印刷所　図書印刷株式会社

落丁・乱丁本は送料小社負担にてお取り替えいたします。
本書の一部、または全部を著作権法の定める範囲を超え、
無断で複写、複製、転載などをすることを禁じます。
定価はカバーに表示してあります。

©Hiroto Onishi, Paul Chris McVay, 2001
ISBN4-931386-55-5 C0082